君も政治家になろう

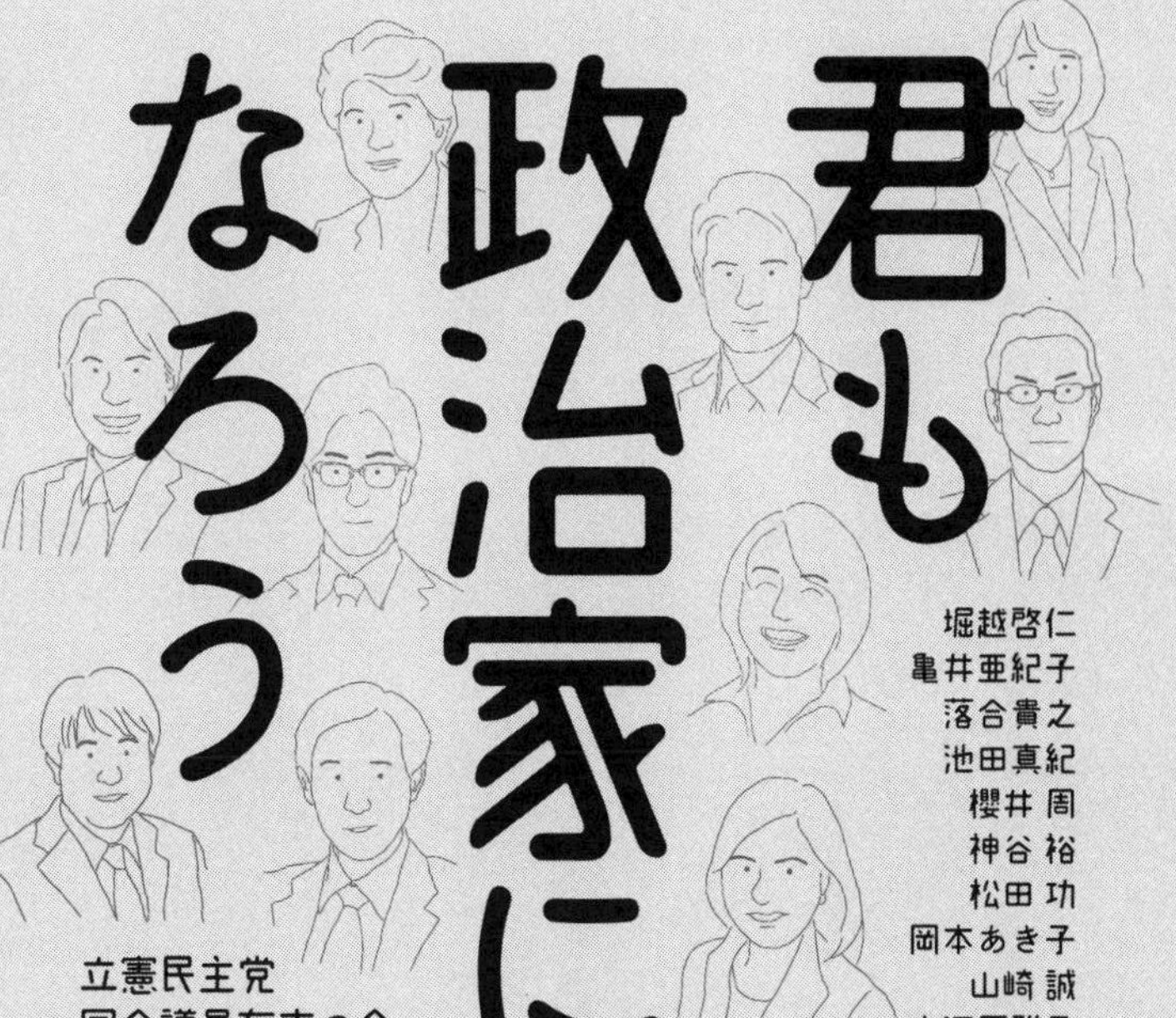

堀越啓仁
亀井亜紀子
落合貴之
池田真紀
櫻井 周
神谷 裕
松田 功
岡本あき子
山崎 誠
大河原雅子

立憲民主党
国会議員有志の会

花伝社

はじめに

この本は、政治家になりたいと思っている人に向けて、現役の国会議員が語りかけるものです。

はっきりとでもぼんやりとでも、将来政治家になりたいと思っている人。

自分がなろうとは思わなくても、政治家を応援したいと思っている人。

政治に問題意識や関心をもって何とかしたいと思っているけど、具体的にどうすればいいのかわからない人。

どんな人が読んでも何か得るものがあるよう、テレビや新聞、ネットではあまり触れることのできない政治家の素顔と生の声をパッケージしました。

皆さんは政治家という職業や、政治家になる人のパーソナリティについて、どのようなイメージをお持ちでしょうか。

パワフルな人、メンタルの強い人、目立つのが好きな人、演じることの得意な人、そして生まれもってのエリート……。

もし政治家にそんなイメージを抱いているとすれば、本書に登場する10人の政治家とくらべてみてください。イメージ通りと感じるか、意外と感じるかは人それぞれだと思いますが、ひとつ確実に言えるのは、10人とも自分の言葉で自分の考えを語り、夢をもち悩みを抱えて毎日を生きる、等身大の生活者であるということです。

この本に登場する政治家は、決して特別な境遇や能力に恵まれた人たちではありません。自分の感覚を大切にし、自分のやるべきことに地道に取り組み、時に壁にぶつかりながらも着実に歩みを進め、いまは国会議員として日々奮闘している、私たちと何ら変わりない「普通の人たち」です。

そんな「普通の人たち」が、政治家というあまり普通とは言えない職業に就くきっかけは何だったのか。直面した困難をどう乗り越えてきたのか。国会議員として何を思いながら日々仕事をしているのか。そしてこれから政治の世界に入ってくる人に何を伝えたいのか。

現役国会議員ならではのリアリティとともに語られるこれらの言葉から、皆さんの人生に役立つ何かを見つけていただければ、これ以上の喜びはありません。

10人の政治家は個性も経歴もバラバラですが、実はひとつの共通点があります。

それは、政治家としてのキャリアと将来が根底から覆されかねない、明日どうなるかわからないような場面に直面し、考える余裕もない中で決断を下した経験の持ち主である、ということです。

誰の人生にも一度は訪れるであろう乾坤一擲に際し、10人はどう考えどう行動したのか。そこから何を読み取るかも、本書の大きなポイントと言えるでしょう。


政治は、間接的であれ直接的であれ、私たちの生活とつながっているものです。

しかし、政治が行われている場所は私たちにとって縁遠く、政治家は謎の多い存在です。

本書に登場する10人の政治家を通じて、少しでも政治との距離が縮まり、どんなかたちでも、皆さんの政治参加が一歩前進することを楽しみにしています。

この本の内容は、２０１９年3月上旬から4月上旬にかけて
行われたインタビューをもとに、編集部がまとめたものです。

君も政治家になろう◆目次

いい意味で、普通を貫きたい

堀越啓仁

堀越啓仁

（ほりこし・けいにん）

〝永田町にもこんな人がいるんだ〟──堀越啓仁議員の第一印象を、多くの人がそう思うだろう。気さくで自然体、どんな話題も自分の言葉でまっすぐに話す彼の言葉に耳を傾けていると、私たちの生活と政治が身近な関係にあることを改めて実感する。まさに〝自分たちの代表〟として、国会の場に立っているのだ。

作業療法士、僧侶としての側面ももつ彼は、たしかに国会議員としては異色かもしれない。しかし、社会人として、生活者として、誰もが感じるであろうこの国の問題を政治につなげるその姿勢は、きわめてまっとうで清々しい。これまでの政治家イメージを更新するみずみずしさと、民主主義を体現しようとする政治家の王道を歩む姿勢を併せもった、期待の若手である。

プロフィール　1980年群馬県甘楽郡下仁田町生まれ。大正大学人間学部仏教学科、東京福祉専門学校作業療法学科を卒業した後、群馬県で12年間、天台宗僧侶として家業の手伝いをしながら作業療法士としてリハビリに従事する。2015年に安保法制の成立に疑問を持ち、市民団体「かたつむりの会」を創設。2016年7月の参議院議員選挙に民進党公認で群馬県選挙区から出馬するも落選。2017年10月、衆議院議員選挙に比例北関東ブロックから出馬し初当選。

1 政治家になるつもりはなかったものの

・3・11の経験とコミュニティづくりの重要性

私は大学と専門学校を卒業後、地元の群馬県で作業療法士に従事しており、そもそも政治家になるつもりはありませんでした。そんな私が政治に関心をもつようになったきっかけは、やはり3・11東日本大震災です。

あまり知られていませんが、群馬県は福島第一原子力発電所の事故によって汚染状況重点調査地区に指定されていて、放射性物質の降下が確認されたところです。とくに盆地のようになっている山間部に降下量があって、私が住んでいたふるさとも除染の対象になりました。子どもが当時、2人おり、いやでも行政の対応が気になります。市民生活と政治が密着な関係にあるということを、自分の身になって考えるようになりました。

そうなると、政治そのものを変えていかなければという思いが強くなりました。「自分たちの声を代弁してくれる議員を生み出さなければ」と考えるようになったのです。

まずは、脱原発や食料の安全性を政策課題に取り上げている町議会議員や市議会議員を応援しようと思い立ちました。議員や行政職員と直接会って話をするなかで、政治家に任せるだけ

ではなく、住民自治の必要性を感じるようになりました。同時に、震災復興のためにはとにかく行動しなければと思うようにもなり、ボランティアとして宮城県の女川町に入らせてもらいました。
　女川町は漁村で豊かなコミュニティと地域循環があったところですが、街が津波で押し流されてしまい、建物の損壊は甚大、生活そのものがすっかり失われてしまっていました。
　そしてこの女川町での活動を通じて感じたのは、人がより良く生きていく上で大切なのは、コミュニティの中から生まれる人の営みであるということです。
　家を失った方は仮設住宅に入居することになりますが、その地域に住んでいた人たちが全員同じ場所の仮設住宅に住めるわけではなくて、いろいろな場所に分けられてしまいます。状況を考えれば仕方がないかもしれませんが、昔からその地域に根づいていたコミュニティが壊れてしまうと、人間の活動そのものに大きな変化が生じます。

被災地で目の当たりにした現実から、いまの私にできることは、身近なコミュニティづくりだと強く思いました。

・密接な関係にある医療と政治

東日本大震災以前に政治について考えたことはなかったかと言えばそうではなくて、仕事を通じていろいろ疑問に思うことはありました。

私は作業療法士として医療と介護の現場で働いてきましたので、医療保険や介護保険の改定は身近な問題ですが、これらのシステムを決めるのは政治です。改定されるたびに、「本当に現場のことをわかって改定しているのか」と怒りがこみ上げていました。

「リハビリ難民」という言葉があります。2006年に制度が大きく改定され、医療保険で受けられるリハビリに日数制限が設けられるようになりました。例えば脳卒中を経験された患者さんは、まず医療保険でリハビリを受け、一定期間が過ぎたら介護保険に移行しなければなりません。この制度改定時、外来でリハビリを受けていた患者さんの多くはすでに日数制限を超えてしまっており、リハビリを終了してしまう病院・診療所が続出しました。そういった患者さんを受け入れる施設が足りず、「リハビリ難民」が生まれてしまったのです。

一般の人にとって、医療保険から介護保険への移行は当時、簡単なことではありませんでした。回復状況は人によりそれぞれなのに、日数制限に達すると一律にリハビリを打ち切られたり、「維持期」とみなされたりする。私たち現場の人間は「これでは見捨てられるようなものだ！」と、患者さんから怒りをぶつけられます。患者さんが怒る理由もよくわかるのですが、制度のことは現場の人間にはどうしようもありません。

こういう日常のジレンマから、医療と政治の密接な関係とその問題点を意識するようになっていくのです。

・安保法制への危機感から政治の実践に

医療現場で働くなかで制度の壁に直面し、2011年の東日本大震災から政治と生活が直結していることを実感するようになっていったところ、2015年に安保法制（平和安全法制）が強行採決されます。

安保法制が可決されたことによって、すぐに日本が戦争や紛争に関わるようになるとは思いませんでしたが、危機感を覚えたのはたしかです。もし何か起これば、リハビリテーションの現場がいちばん大事にしていた部分が根底から覆されてしまう――私はそう思いました。

リハビリテーションを運動機能の回復と思っている人が多いようですが、そうではありません。言葉の由来は「リ・ハビリテイト」で、「リ」は〝再び〟、「ハビリテイト」は〝適した〟という意味です。これは単に運動機能を獲得していくということを指しているのではなく、「その人らしさの再獲得」ということです。たとえ身体機能が損なわれてしまっても、その人らしく生きるためにどうすればいいか、そのお手伝いをするのがリハビリテーションなのです。

先の戦争でそうだったように、もしこの国で紛争やテロ、戦争が起きると、「その人らしさ」など守られるわけがありません。とくに社会的弱者と言われる女性や子ども、障がい者や高齢者が簡単に置き去りにされてしまい、「その人らしさ」はかえりみられなくなるでしょう。

日々医療現場で接する人たちは、「その人らしさ」を必死に取り戻そうとしているのに、もしかしたらそれが意味のないものにされてしまう社会になるかもしれない。安保法制によって「このまま行ったら日本はどうなるんだ」という危機感を募らせた私は、もう一歩進んだ行動に移行していきました。

私が「行動しなければ」と思い立ったとき、翌年に行われる2016年参議院選挙に向け、「野党統一候補の擁立を目指す」という声が全国各地で上がっていました。私も、安保法制や原発の問題から「群馬県がこのまま自民党に独占されては大変だ」と考え、野党共闘を応援するための市民団体「かたつむりの会」をつくって共同代表になりました。これは、組織的な後ろ盾をもたない、本当に友達数人と始めた小規模なグループです。

手探りで始めたかたつむりの会ですが、なんとか野党各党と円卓会議の場をもてることになりました。実際に話し合いをもってみると、統一候補者がいないことがわかりました。7月が選挙なのに、5月になっても「統一候補者がいない」という状況です。

良いか否かは別として、群馬県は世襲や二世議員が多く、小渕恵三先生、中曽根康弘先生、福田赳夫先生、福田康夫先生と総理大臣を4人も出している、いわゆる自民王国です。そういう地盤なのでなおさら、野党が力を合わせて、庶民感覚を政治に反映させなければならないと思いました。

そんなとき、「堀越君に出てもらえると助かるんだけど……」という話が当時の民進党から来ました。だけど私は、自分が政治家になるつもりで政治活動に関わっているのではありません。その時は「政治家を応援するという立場で活動しているだけで、自分が選挙に出るということはまったく考えていません」と丁重にお断りしました。

・「堀越君が出るしかない」

民進党からのオファーは、当然かたつむりの会の仲間の耳にも入ります。「やっぱり、誰もいないのであれば堀越君が出るしかないよ」「やるだけやってみようぜ」「せっかくのチャンスなんだから」とファミレスで深夜の3時まで説得されました。なかには、「本当だったら自分が出たい。それでも堀越君のほうがいい、出るべきだと思うからこうやって頼んでいるんだ」と言う仲間もいました。

政党から言われても心が動かなかった私ですが、仲間から熱心に説得されていると、不思議

堀越啓仁議員の1日

国会会期中のある日

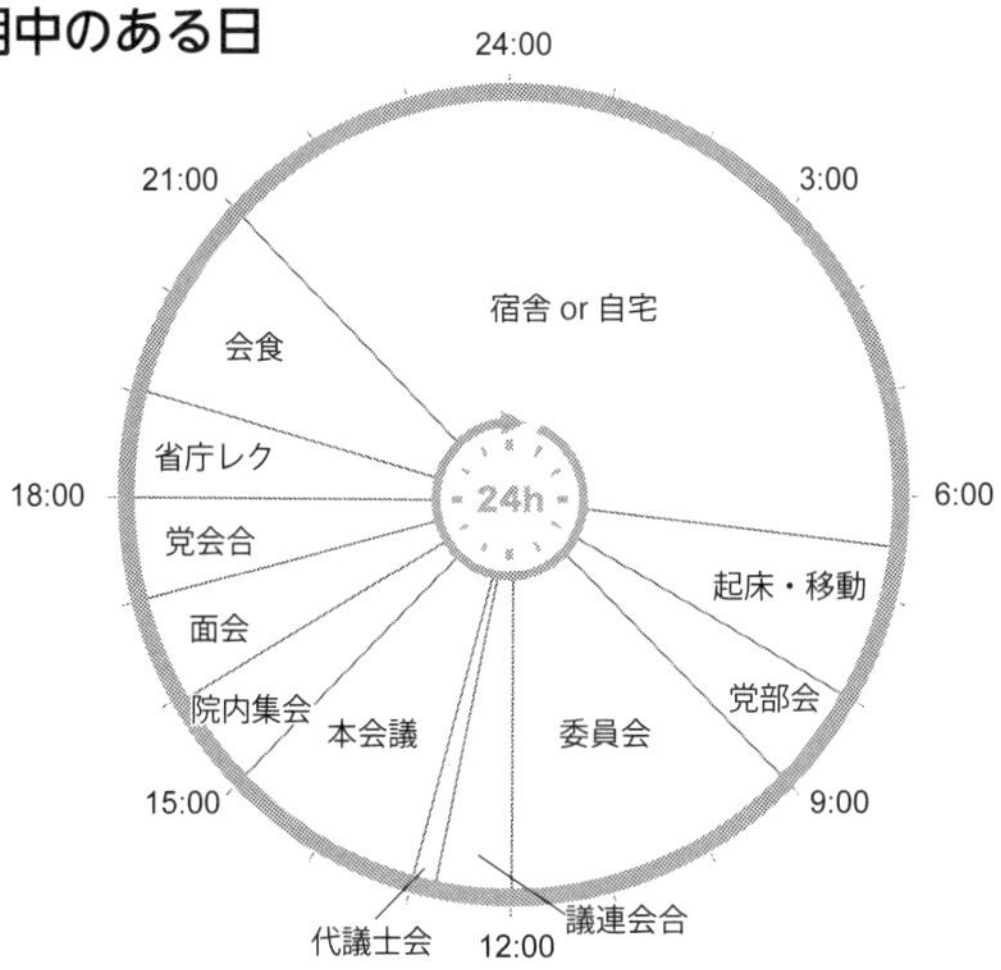

地元でのある日

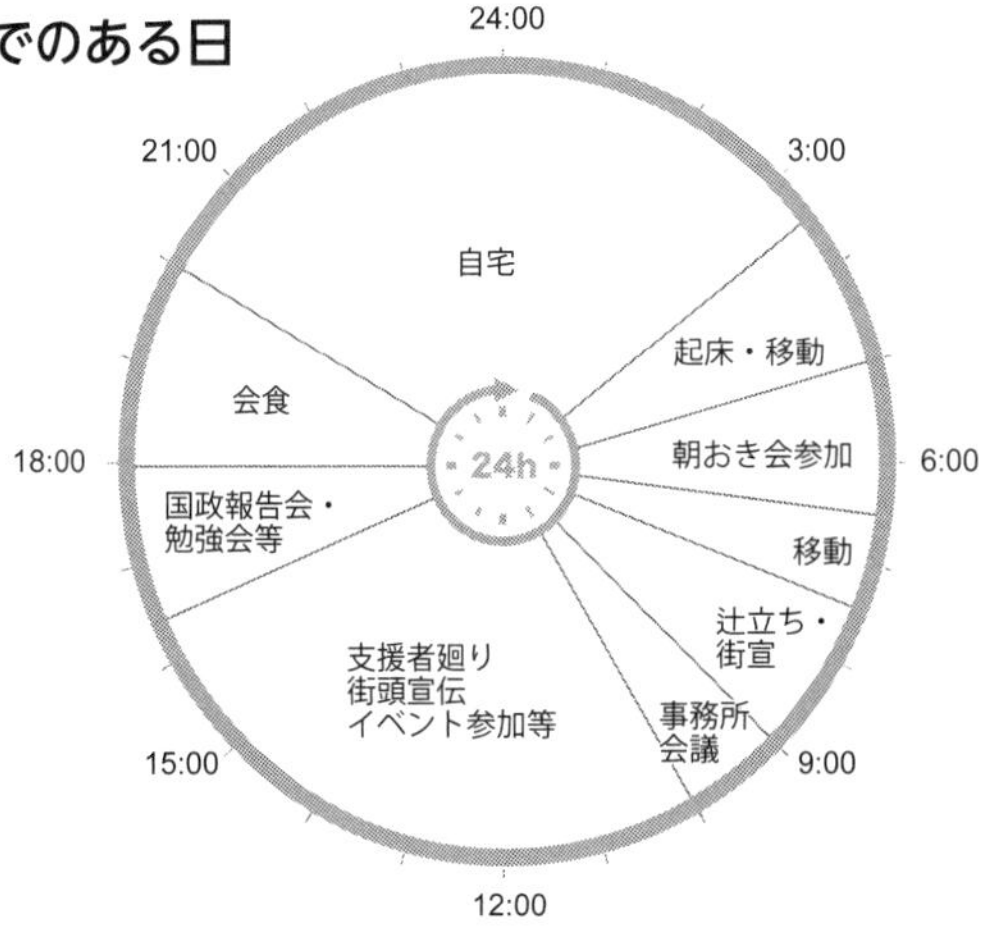

とこれまでのことを思い出しました。医療現場で感じた矛盾、放射能汚染への怒り、安保法制に対する不安……。「そうだよな。行動を起こしたことがきっかけになって、みんなと知り会えたんだよな」と思うと、「やるだけやってみよう」と立候補する気持ちが固まったのです。

深夜のファミレスから帰宅すると、寝ている妻を起こして「俺、選挙に出てみようと思うんだ」と告げました。「ここまで活動してきた責任がある」と。

「そういうつもりで活動してきたわけじゃないでしょ」と妻は反対します。「勝てないとは思うけど、俺のような市民が主張することに意味があると思うんだよ」と気持ちをぶつけると、「そこまで決心したのなら、しっかりやりなさい」と賛成してくれました。

妻もいまの政治には疑問を抱いていたので、私の真剣さを受け止めてくれたのです。

このような過程を経て、2016年の参院選に民進党公認で群馬県選挙区から出馬しました。結果は落選です。まったくの手探りで取り組んだ選挙運動でしたが、苦ではありませんでした。原発の危険性など自分が普段考えていることを訴えていくことができる。通りすがりの見ず知らずの方々が、自分の意見を聞いてくれる。こんな機会は人生でそうそうありません。

負けはしましたが、自分の主張を伝えることにやりがいと必要性を感じ、次の参院選も挑戦すると決めました。私の本格的な政治活動は、敗北からはじまったといえます。

ところで私の家族は、3人の子どもと妻と私の5人です。子どもは3人とも女の子で、参院選に出たときは、9歳、6歳、2歳でした。選挙はお金がかかると言われます。当然、妻とのあいだでお金の話はしました。出馬を受けるときに、「活動費は一切出せません」と民進党にはっきり伝えることを妻と約束しました。仕事は休職扱いにしてもらおうと思いましたが、勤務していた病院からは「選挙に出るんだったら籍は置いておけない」と言われてしまいました。

選挙は負けてもあいさつ回りなどがあるので、すぐに働き出すというわけにはいきません。次の仕事が決まるまで2ヵ月ほどかかりました。この部分を乗り切るだけの貯金や仕事のアテがあったほうがいいのは言うまでもありません。

2 寺の住職は地域コミュニティの専門家

・僧侶として感じてきたこと

実家は天台宗の寺で、父が住職、私が副住職を務めています。将来は私が寺を継ぐ予定です。現在も副住職として、年に2回、担当させてもらっている70軒ほどの檀家をひとりでまわります。

定期的に家を訪ねて顔を合わせると、去年は元気だったご主人が今年は体調が悪くて玄関まででいらっしゃらないなど、家庭の変化がわかります。私も必要に応じて、介護保険の申請のお手伝いなどを袈裟姿でやっています。

私たちの生活は地方自治体にはじまり、ＰＴＡ、業界団体、労働組合、市民団体や政党などさまざまな共同体とかかわっていますが、最も基本的なのは地域コミュニティだと思います。歴史的に考えても、寺は地域コミュニティの要を担ってきました。地域コミュニティの重要性は、身をもって感じてきたわけです。

選挙に出るにあたって、父の許可を得ることがもっとも高い壁でした。私ひとりで話をしても説得できないだろうということで、民進党の群馬県連合会の会長、いっしょに市民活動をしている弁護士、そして母親と妻を加えた5名で父と話をしました。場所は本堂です。

終始、父はイヤそうな顔をしていましたが、「そこまで決心しているならやりなさい。そのかわり、人に迷惑をかけないことを、いま、みなさんの前で約束しなさい」と半分あきれて許してくれました。

しかし真剣な行動は人の心を動かすものです。選挙がはじまって、私が一生懸命やっているところを見た父は、感じるものがあったのでしょう。自分の友人や知人に電話をかけて広めてくれました。

もともとウチは、政治の話は全然しない家庭でした。選挙には行きましたが、だれに投票するとか、選挙が家族の話題になることはありませんでした。

ところが私の出馬をきっかけに、母の知らなかった一面を知ることになりました。母は保育

家族の「うめ」とともに

士でしたが、労働組合の組合員だったというのです。そんなことはいままで全然知りませんでした。しかも角田義一元参議院議員を応援していたこともあるといいます。角田先生は、私の政治の父親にあたる方で、母と私は政治的に近い感覚をもっていたというのがわかって、何ともうれしい気持ちになりました。

・地域包括ケアシステムへの不安

話が前後しますが、2016年の参院選に出馬する以前に、いま住んでいる地域の町会議員に立候補しようと真剣に考えたことがありました。それまで働いていた職場を辞めて、自分が住んでいる地域の病院に転職したほど本気でした。

町会議員になろうと考えたきっかけは、

厚生労働省が発表した地域包括ケアシステムです。地域包括ケアシステムは、高齢者の自立生活の支援を目的としていて、住み慣れた地域で暮らせるように地域の支援やサービスを推進していくというものです。ようするに、いままで医療や介護は国の責務でしたが、これからは各地域でやりなさいというわけです。

国は２０２５年をめどに、各地域に整備を促しています。私は作業療法士として訪問リハビリも経験していますが、現在の日本の状況で地域包括ケアの実現は大変厳しいと思いました。しかし、厳しいと言っていても、地域包括ケアシステムは実施されるわけです。やがて行われる地域包括ケアシステムに作業療法士の経験と視点を活かそう。そのために町会議員になろうと考えたのです。

一般的に言って、専門職を経て政治家になる人は少数派です。それは町議会にも言えることで、中小企業の社長を引退した人などが町会議員になるケースが多いようです。

そこで「医療現場に詳しい町会議員がいない。私が議員になって地域のために働きたい」と思ったわけですが、「参院選に出ろ」と言われて、町会議員からシフトチェンジしました。

3 急転直下の衆院選立候補

・政治信条を貫けないのなら、政治活動は辞めよう

参議院議員選挙での落選後、私は3年後の2019年に行われる参院選にも出ると決めて、地道に活動を続けていました。

ところが2017年9月28日、衆議院議員選挙に際し、いきなり、「民進党は候補者を出さない、希望の党と合流する」となったわけです。

2016年に行われた東京都知事選の小池百合子さんの演説を実際に東京で見ていた私は、大きな疑問をもちました。「小池さんの主張と自分の考えは相容れない」と。「政治信条を曲げてまで合流する必要はない。だったら一度政治活動は終了しよう」と考えました。

そのタイミングで、枝野幸男さんが結党するらしいという話を水面下で聞きました。どういう党を目指すのだろうと楽しみにしていると、枝野さんは10月2日に新党設立の記者会見を開き、翌3日に結成の届け出をして、東京・有楽町で演説をしたのです。この演説はすばらしい内容で、強く共感する自分がいました。

●結婚記念日の沖縄旅行からとんぼ返り

我が家では、年に1回、結婚記念日に合わせて旅行に行くのが恒例です。バカンスというよりも、民宿で自炊をしながら何日間か過ごすというスタイルで、これまで沖縄の辺野古や高江などを家族で見学したりしています。

2017年は10月5日に出発しました。すると、高速バス乗り場にいる私の携帯に電話がかかってきました。当時、民進党群馬県連の会長代行であった県議からです。「比例北関東ブロックの単独で人を探している。堀越君、出てくれよ」と言われました。

私は「沖縄に行くところなんですけど……」と答えました。そして「応援したい気持ちはありますが、失業するわけにはいかないので、職場の了承が必要です。どちらにしても選挙資金の自己負担はできません。そこをクリアできれば」と伝えました。「次に電話をできるのはいつだ？」「沖縄に着いてからになります」と電話を切って、家族と沖縄に向かいました。正直な話、この段階で立候補する決意は固まっていたと思います。

沖縄の空港に着き電話をしたら、「さっき堀越君が言った条件はすべてクリアできるから、やってくれ」と言ってくれたので、「わかりました。やらせてもらいます」と返事をすると、「じゃ、すぐ帰って来い」と。

1回目の電話から2回目の電話まで5時間ほどです。この5時間のあいだに群馬県連合会のみなさんが一気に動いて、私の職場に行って事情を説明し、そのほかの条件もクリアしてくれたわけです。とんでもないバタバタの中で、大きな流れができていました。

6日の朝に群馬県に帰って来ると、すぐに近所の美容室を借りて、スーツに着替えて写真を撮って県連に送り、翌日には記者会見です。そして10日に公示日を迎えました。

こんなにあわただしく立候補して、はたしてどれだけ戦えるのか。はっきり言って当選できるとは思っていませんでした。3区の長谷川嘉一先生を当選させるためにできるだけ票を集めて、自分は捨て石になればいいと思っていましたが、結果は当選でした。

・選挙のやり方を模索する

私は常に「本当はどういう選挙が理想的なのか」を考えています。

たとえば、選挙カーに乗ってウグイス嬢さんが絶え間なく名前を連呼して、県内をくまなくまわるわけですが、それに名前を覚えてもらう以上の効果はあるのか、有権者の皆さんに判断材料を提供できるのか。「これだけではダメだ」と思って、道端で訴える時間もつくりました。1日に街頭演説できる回数は限界がありますが、みなさんに自分の主張を直接伝えることが選挙の本来の姿ではないかと思ったのです。

インターネットの時代になっても、実際に有権者のみなさんの顔を見ながら訴えることは大切です。古典的な方法ですが、効率では測ることのできないものがあります。ですから、現在も街頭演説は大事にしていて、土曜日や日曜日にはできるだけ街頭に立つようにしています。

どうしても疑問に思うのは、選挙の非エコ的な部分です。ビラを刷って撒いても、ほとんど右から左にゴミになってしまう。余ったビラはもう使えないので捨てるしかない。貼ったポスターもすぐに剥がされてゴミになる。こういう部分は、もう少しなんとかならないかなあと思います。お金も資源も大きなロスです。

私はいまのところ、SNSを活用しつつ、街頭に立って触れ合うことも大事にしていますが、これからの時代に合った選挙はどういう方法なのか、まだまだ模索しているところです。いわゆる〝どぶ板選挙〟のような旧来のやり方でしかつながることのできない方もいらっしゃるし、ネットでしかつながることのできない方もいらっしゃいます。

はじめて選挙を経験したときは、「こんな古いやり方をしていていいのだろうか」と疑問に思っていたことが、2度目の選挙となる衆院選のときには「こういうことの積み重ねなんだろうな」と行う意味や意義がわかったこともあります。

その辺のバランスを見ながら、とにかく、皆さんとのコミュニケーションを忘れずにやっていきたいと思っています。

4 国会議員としていま思うこと

・議員活動と市民活動の両立

私は現在、衆議院議員として活動していますが、市民活動も継続してやっていきたいと思っています。

例えば趣味の音楽を通じた活動です。学生のときからギターの弾き語りやバンドをやっていたので、福祉イベントで演奏させてもらっています。群馬県出身のＲＯＧＵＥ（ローグ）というバンドがあって、その福祉イベントにメンバーの奥野敦士さんと香川誠さんが２人編成で参加されました。奥野さんは落下事故で脊椎を損傷し、現在は車いすで音楽活動をされている方です。「ＲＯＧＵＥと同じステージに立ったぜ！」と興奮してしまいました。

また現在、古民家を改築してシェアスペースをつくっているところです。どういう場所になるか未知数の部分もありますが、子ども食堂や子育て中のママさんたちが集まることができる空間にしたいと思っています。あがり屋プロジェクトという団体を立ち上げて「みんなでつくってみんなで使う」ことを目標に、14名のメンバーとそれぞれの得意分野を持ち寄って、楽しみながら頑張っています。

私が国会議員になっても地域の市民活動を大切にしているのは、いくつか理由があります。まずは、「生活と政治がつながっている」という感覚を、市民の皆さんの間に浸透させたいと思っていることです。

地域が抱えている課題や自分が欲しているものは、必ずと言っていいほど政治とつながっています。例えば先ほどのシェアスペースだと、「子ども食堂をやりたいんだけど」「どうして子ども食堂が必要なの？」「格差の拡大が子どもたちの食事や心に影響を及ぼしているらしいよ」「どうして格差が拡大しているの？」「いまの経済政策が問題らしいぞ」「10年後はどうなっているのかしら」……と、活動を通じて自分たちの課題が政治につながっていることを実感できます。こういう会話が日常生活に増えれば、「やっぱり政治を変えないといけない」と考える人が増える。いずれは、シェアスペースをつくっている人、シェアスペースを利用している人から、選挙に出ようと考える人が出てくるかもしれません。立憲民主党は「草の根」や「ボトムアップ」という言葉をよく使いますが、こうしたことの積み重ねが、この国の民主主義を鍛えていくのだと思います。

もう一つは、自分自身のバランスを保つためです。国会議員をやっていると、〝公人〟として各種の会合に呼ばれます。そういった席では、どうしても「ただいまご紹介にあずかりました衆議院議員の堀越啓仁でございます……」と紋切型の挨拶から始まり、自分の言葉で話すことが難しくなっていくようなこともあります。言葉に力がなくなってしまうのは、政治家として致命的なことです。

地域での市民活動や音楽活動、アウトドアは、私にとって自分を取り戻す時間です。政治家として全力で仕事に取り組むために、自分を保っていることは大切だと思うがゆえに、そういった時間をいまも大切にしています。私は、いい意味で〝普通〟を貫きたいと思っています。

・少数派を切り捨てないのが本来の民主主義

とくに最近、「民主主義とは、本来どういうものなのだろう」と考えるようになりました。与党は置き去りになってしまう人を横目で見て、経済成長と言い続けています。これは政治家の言うことかと疑問を抱いてしまいます。

ＳＤＧｓ（持続可能な開発目標。国連サミットで採択された２０１６〜30年までの国際目標のこと）は「だれも置き去りにしない」ことを掲げていますが、日本は国際的に取り残されていると思わざるを得ません。

いまの日本の政治状況は、本来あるべき民主主義が根底から覆されています。例えば、10年前の民主党政権のときに比べ、法案の修正率が激減しています。十分な審議を尽くして法案を可決しなくなったばかりか、野党などから上がってくる修正案に耳を傾け、より良いものをつくるという当たり前のことが行われていないのです。

国会という国権の最高機関で、圧倒的な議席数に任せて短期間で拙速にいろいろなことが決まっています。多数派が少数派を切り捨てるような法案のつくり方が日常になってしまっては、日本の未来は危険です。

・今の自分から始める

私はバッジを付けさせてもらっていますが、自分が政治家に向いているとは思っていません。ただ、まわりの仲間は「政治家に向いていないところがいい」と言ってくれるので、それを信じて毎日頑張っています。

フェイスブックをやっていると、政治ネタには「いいね」があまり付きません。しかし選挙活動をしてわかったのは、「いいね」は押さないけど投稿を見てくれている人は確実にいるということです。「読んだけど応援しているよ！」と声を掛けていただくことが何度もあるのです。自分の考えに共感してくれている人は確実にいます。それを実体験できるだけでも、選挙に出る価値はあると思います。

政治家になろうと思っているなら、問題意識をもって今いる自分の場所から社会を見つめてみましょう。問題点が見えてきて、それを改善するツールが政治だと感じたら、一歩踏み出してみるときかもしれません。国政でも県政でも市政でも町政でもいいと思います、ぜひチャレンジしてみてください。

堀越啓仁議員から政治家を目指す人への直筆メッセージ

時代は、今、大きく変化
しようとしています。その中で、生きて
いくには、やはり、私達も
また、変化する事だと思います。
新しい時代の、新しい仕組み
に向けて、強やかに、しなやかに、
健やかに、生ききりましょう。
あなたの一歩と一緒に。

堀越啓仁

まわりの人を信じて
身をゆだねることの大切さ

亀井亜紀子

亀井亜紀子

（かめい・あきこ）

この本に登場する中では唯一の「二世議員」である亀井亜紀子議員。しかしここで語られているように、彼女は政治とは無縁の場所で、自分の人生を切り拓いてきた。その途上で視野を広げ、問題関心を抱き、いつしか政治の道に進むようになったのだ。その歩みは決して順風満帆なものではなく、幾度もつまずき、想定外の事態に直面してきたという。その時彼女はどう困難を乗り越えてきたのだろうか。

自らを「楽天的」と評する亀井議員は、一瞬で周囲を巻き込んでしまう明るさと聡明さを持ち合わせている。そんな亀井議員の強みは、決して天賦の才でなく自らの意思と努力で獲得してきたものであり、周囲への感謝と信頼が彼女をかたちづくっていることが伝わるインタビューとなった。

プロフィール　1965年東京都生まれ。1988年学習院大学法学部政治学科卒業後、カナダに留学。1992年カールトン大学マスコミュニケーション学科卒業。帰国後、商談、建設、訴訟、報道、スポーツイベント等において通訳として活動。1996年、「世界青年の船」に参加し、以降世界各地を訪問。亀井久興衆議院議員の議員外交を補佐し、後に政策秘書となる。2007年7月、参議院議員選挙に初当選（国民新党・島根選挙区）。2013年7月、参議院議員選挙は落選（みどりの風・島根選挙区）。2017年10月、衆議院議員選挙に鞍替えし、初当選（立憲民主党・比例中国）。

1 通訳から国会議員に

世界50ヵ国を訪ねた通訳時代

私が政治家になったきっかけは、小沢一郎先生にリクルートされたことです。国会議員の父の秘書をしていたとき、小沢先生に勧められて政治家になりました。

もともと私は親と同じ世界に入って二世と言われるのは嫌だと思っていました。だから親とは違う仕事をしようと若い頃から決めていたのです。世界を飛び回るジャーナリストに憧れ、日本の大学を卒業するとカナダに留学して大学でマスコミュニケーションを専攻しました。そして帰国後、友人の結婚式で通訳をしていた同級生に再会します。その出会いが縁で私は通訳の仕事を始めました。

通訳の現場では、父のことを知らない外国人を相手に仕事をするので特別視されることもなく、気が楽でした。商談からスポーツイベントまでいろいろな仕事をするうちに人脈が広がり、国際交流にも関わるようになります。世界を飛び回りたいという夢はジャーナリストではなく別の形で実現しました。

たとえば、内閣府主催の「世界青年の船」という国際交流事業に参加し、スリランカと南アフ

リカ、タンザニア、ドバイ、シンガポールに行きました。
　スリランカはインド洋に浮かぶ「南の島」です。南の島というと、ヤシの木と白い砂浜が多くの日本人が抱くイメージですが、たしかにその通りの景色でも、現実はそこに野良の牛がいるわけです。とても痩せた茶色い牛が、ビーチをウロウロしている光景をそこで初めて見ました。
「エレファント孤児院」にも行きました。密猟などで親をなくした子ゾウを保護して、自然に帰す活動をしている施設です。ちょっと考えればあり得る話ですが、行くまでは人間の孤児だと思っていました。「こんな施設が存在するなんて」と驚き、根底から考え方が変わる気がしました。
　その後も国際交流事業の通訳として、約

50ヵ国を訪問します。

多くの国々を訪ねた経験は、現在の政治活動に役立っています。たとえば、国の名前を聞いたとき、どんな人がどんな家に住んでいて、どんな雰囲気の国なのか、映像が浮かぶのは大きい。治安とは何か。治安が良いとは/悪いとはどういう状態か。これらを実体験したことは、すぐに役に立つものではありませんが、政治家としての私の個性だと思っています。

・小沢一郎先生とマンツーマンで

その後私は、通訳の仕事の傍ら父親である亀井久興議員の外交の仕事をサポートするようになり、政策秘書となります。自分の積んできた経験と関心から、自然な流れでそうなっていったのだと思います。

2007年の参議院議員選挙において、小沢一郎先生は島根選挙区の対立候補を探していました。島根県は保守王国で自民党が強く、野党から出ても当選するのは難しい。負け戦になる選挙に立候補する人はなかなかいません。たとえ出馬しようと思っても家族に止められて、結局、立候補しないというケースは数多くあります。

当時小沢先生には、自民党に女性候補をぶつけてみようという戦略があって、私のところに話がきました。

ある日私が帰宅すると、父が「小沢さんが亜紀子に会いたいと言っている。島根県から選挙に出ないかという話だ」と言いました。父としては「こういう話がある」と私に伝えただけで、「せっかくの機会だから出てみなさい」とは言えなかった。自分から薦めたくないと小沢先生に伝えていたそうです。

私としては、あの小沢先生が声を掛けてくださったのですから、無下に断るわけにもいきません。個人事務所に父と伺って話を聞きました。その時は、その場では答えは出さず後日お断りをしました。まだ誰か他にいるのではないか、と思ったからです。「二世」と言われることに抵抗もありました。

後日、「もう一度会いましょう」と再び連絡が来ました。今度は東京・八重洲の某ホテルの一室で、秘書の方はドアの外に待機して小沢先生と二人きりです。この時はさすがに緊張しました。大御所、大先生と言われる小沢先生とマンツーマンですから。

小沢先生の第一声は、「どうしてイヤなの？」でした。「人前で話をするのがイヤなの？」と。小沢先生は、「私もいまだに演説は苦手なんだよ」と笑って、ご自身の政治家になったいきさつを話し出しました。あの小沢先生でもそうなんだ……と意外に思い、親しみを感じました。

「本当に私しかいないのでしょうか？　ほかに考えている方がいるなら、その方がいいと思います」と質問しましたが、本当に他に候補者はいないとのことでした。「そういうことなら……」と思い、受けることにしました。

・選択肢をつくりたい

昔から私は、人との出会いを大事にしてきました。自分が目標をもって主体的に動くことと同じくらい、まわりの人たちを信頼し、身を委ねることも大切だと思ってきたのです。そうやって選択してきたことが実は、思いがけず自分に向いていることだったりするから面白い。小沢先生が誘ってくださったのも、一つの出会いです。こんなことは人生に何回あるでしょうか。そう考えると、やっぱり私は立候補すべきではないかと思えたのです。

私は出馬表明の記者会見で「選択肢をつくりたい」と言いました。世の中には、政治に不満をもっている人はたくさんいます。だけど選挙に出る人は多くありません。限られた選択肢の中で有権者は、「ほかにいい人がいないから」という消極的な理由で投票を行っています。

投票箱を開ける前から結果がわかっているような選挙は、もう終わりにしましょう。きちんと選択肢をつくって、有権者のみなさんに選んでもらう選挙をしないと、日本は本当にダメになってしまう。私は選択肢のひとつになりたいのです。現状を変えるために切り込み隊長が必要なら、私が切り込みましょう。そのように会見で訴えました。

私が挑戦して当選したら、ひとつの道をつくることができます。それを見て「自分もやってみようかな」と考える人が出てきたらいいなと思っていました。

2 選挙に出なければわからなかったこと

・選挙で人の温かさを知る

父の仕事を見ていましたから、選挙がいかに大変かということはわかっていました。しかし実際に自分が出てみないとわからないこともたくさんありました。最大の気づきは、選挙に出ると人の温かさがわかるということです。

選挙を応援してくださる方々は本当に親切です。みなさん、私を応援してもすぐに自分の生活が良くなるわけではないし、ボランティアで収入にならないばかりでなく、自分の時間を提供しています。それでも私が動きやすいように気を配ってくださり、自分に何ができるかを考えて動いてくれます。たしかに選挙は大変ですが、温かい人たちに出会える瞬間もたくさんあるのです。

たとえば、私がはじめて経験した選挙は真夏でしたが、選挙カーで走っていると道端で待っててくださる方がいます。田舎の選挙ならではかもしれませんが、「頑張って」と声をかけてくれるだけでなく、スイカやメロンなどの果物を差し入れてくれたり、カメのぬいぐるみを手渡してくれたり、みなさん本当にやさしいのです。雨が続いたときは、手紙と共にてるてる坊主

亀井亜紀子議員の1日

国会会期中のある日

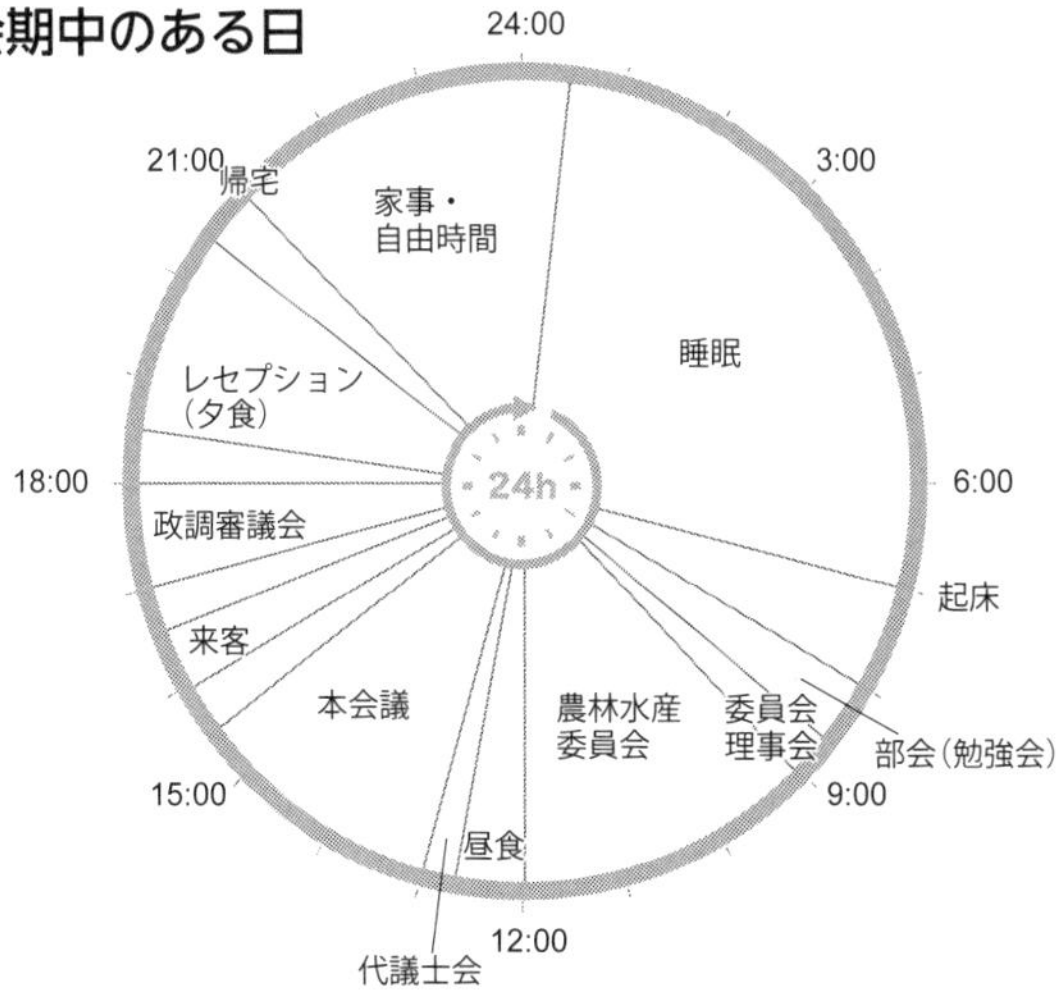

地元でのある日

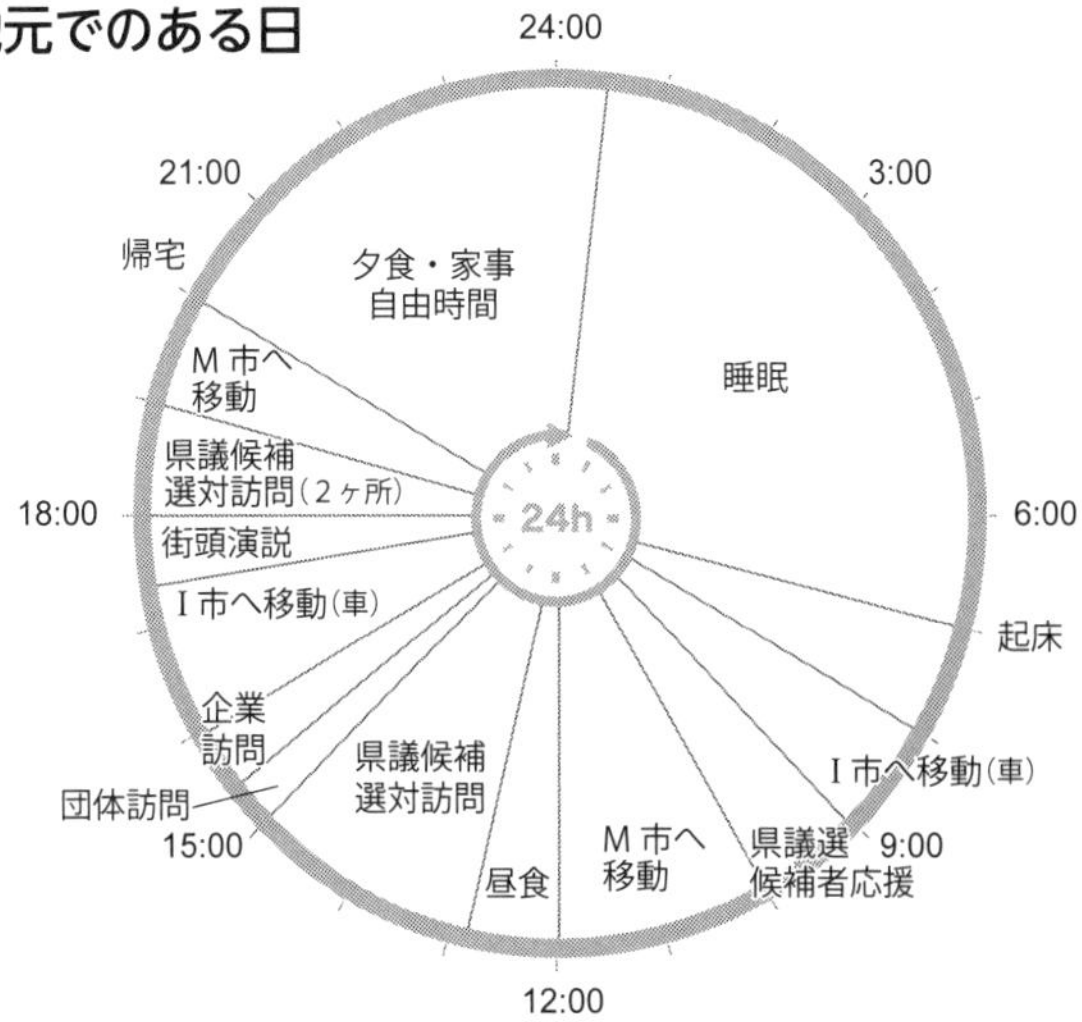

が事務所に送られてきました。

選挙をやっていなかったら、こんなにも多くの人の善意を感じることはなかったと思います。そういった多くの人の温かい支援を受け、私は２００７年の参院選で初当選を果たすことができました。

・思っている以上に人に感謝される仕事

議員になってからも、まわりの方の温かさを感じることが多くあります。

国会議員というと、国会での激しい論戦や、失言を謝罪している姿が思い浮かぶかもしれません。いつも〝戦闘モード〟で難しい顔をしている必要がある職業のように思われがちですが、役に立てて嬉しいと感じられることもたくさんあって、そんな時は「議員になって良かった」と思います。

最近では、私の地元・島根県で２０１９年１月、隠岐の島町に北朝鮮の木造船が漂着し、男性４人が上陸するという事件がありました。

地元の自治体から、海上保安庁巡視船の大型化や冬場における領海警備の充実を強く求めている声が私のところにも届いていたので、国会で警備体制の現状と今後の方針について質問しました。そして、大型巡視船や新型ジェット機、監視カメラの整備など、海洋監視体制の強化に向けた予算や配備計画等、具体的な政府の回答を受け取りました。

国会で質問をすると、その質問内容と政府の回答が議事録に残り、インターネットで閲覧できるようになります。法律を変えるところまではいかなくても、質問主意書を提出したり、国会で質問して政府が答えたという記録が残るだけでも一歩前進なのです。

回答が不十分で満足していないのに、自分が思っている以上に人に感謝されることもあり、そんな時は励まされるとともにやりがいを感じます。

3 自分が必要とされる場所で働きたい

・所属政党で選挙を戦えなくなる事態に

参議院議員を一期務めたのち、私は２０１３年の参議院選挙に出馬しましたが落選してしまいます。落選期間中も政治活動を継続し、２０１６年には当時の民進党に入って次期衆院選に立候補すべく準備を進めていました。

２０１７年の衆院選は私が政界復帰を目指す選挙となったわけですが、ここで激震が走ります。民進党は党として独自の候補を出さず、希望の党に合流して選挙を戦うことになったのです。

民進党の候補者は、希望の党に合流するか、無所属で立候補するかの決断をしなければなりません。その差し迫った状況のなか、「排除リスト」の存在がまことしやかに言われていました。希望の党の基本的な政策に合意できない人は排除されるというのです。

私は浪人中の一候補であり、特に目立ってもいないので合流組だと思っていました。一方で、枝野幸男さんなど民進党の有力議員は排除リストに名前が挙がっており、辻元清美さんや逢坂誠二さんは、自分から行かないことを表明していました。

希望の党に合流する場合、安保法制を容認するという政策協定書にサインしなければならず、「まるで踏み絵のようだ」という噂が流れていました。「そんな協定書にサインしてまで希望の党に行くのはイヤだな」と思っていましたが、いっこうに書面は届きません。

かと言って、希望の党から何の連絡もないのに、「私は希望の党には行きません」というのも変な話なので、先が見えない宙ぶらりんな状況が続きました。

・枝野さんと地元で会う

この騒動の最中の2017年9月30日、枝野さんが私の地元島根県にいらっしゃいました。この日は島根県労働組合総連合による政治資金パーティー開催日でした。

何ヵ月も前から決まっていたイベントとはいえ、民進党幹部は刻々と変わる状況に翻弄されており、とりわけ枝野さんの動向には、小池百合子さんの排除発言もあって注目が集まってい

地元で後援会メンバーと歓談する枝野幸男さん（2017年9月30日、島根県）

ました。そういうなかで島根県に来るのは、相当大変だったと思います。

政治資金パーティーは昼過ぎからだったので、午前中に到着した枝野さんは私の後援会のメンバーとコーヒーを飲みながら歓談したいと提案してくれました。その後、枝野さんは私と街頭演説を行い、パーティーに出席して、その日のうちに東京に帰りました。

枝野さんは翌日からすべてのスケジュールをキャンセルして新党結成準備に奔走したので、いま思えば、あのタイミングで私の地元で枝野さんと会うことができたのは、何かの因縁だったのかもしれません。

いっぽう私は、先行き不透明な状況ながら10月1日に選挙事務所をオープンし、翌日、事務所のお祓いをしました。すると玄葉光一郎さんから電話がかかってきたのです。玄葉さんは民進党側の希望の党との交渉担当でした。

玄葉さんは「実は苦労しているんだよね」と切り出しました。「亀井さんは第一次公認に入っていないんだよ。僕は亀井さんを推しているし、希望の党サイドの調整をしている細野（豪志）さんや若狭（勝）さんも、亀井さんに対して問題はないと言っている。だけど小池さんが『イヤだ』と言っているんだよ」と。

「亀井さん、小池さんと何かあった？」と訊かれたので、「ほとんど面識はありません。大使館のパーティーなどであいさつをした程度です」と答えました。

本当に思い当たる節はなかったのですが、小池さんがそう言っているのなら、私も〝排除〟される側なんだろうと初めて知りました。

枝野さんは10月3日に結党し、その日の夕方、有楽町で演説します。その様子をYouTubeで見て、私は立憲民主党に入りたいと心から思いました。翌日、発表された希望の党の第一次公認に名前がないのを確認し、私はすぐに動き始めました。

・捨てる神あれば拾う神あり

立憲民主党に行こうと思うことを、民進党の県議会議員、後援会のメンバー、親など周囲の人たちに電話で相談しました。

反対する人は誰ひとりいませんでした。みなさん、「枝野さん、いいじゃない！　立憲しかないよ」と言ってくれます。つい数日前に会った枝野さんが政党を立ち上げた。誰もが親近感を持って受け止めていました。

私は枝野さんの携帯に電話しました。「街頭演説、感動しました。ぜひ、立憲民主党でいっしょにやりたいです」と自分の気持ちを伝えると、枝野さんの第一声は「いやあ、ありがたい」。希望の党からは必要とされなかった私が、立憲民主党からは「ありがたい」と喜んでもらえたのです。

必要としてくれる人と働きたいと思うのは自然な気持ちです。政策への共感はもちろんありましたが、それ以上に、私という存在を認め受け入れてくれたことへの喜びがありました。政治の世界は駆け引きだけで動いていると思われがちですが、実際は気持ちで支えあっている部分も大きいのです。

そこに至るまでの数日間、悶々と過ごしていたので、周囲のみなさんの温かい言葉は心強く、新党から必要とされたこともとてもうれしく感じられました。晴れやかな気持ちで次へのスタートを切ることができました。

結果的に決断力のある人が集まった

選挙が終わってみると、希望の党の勢いがなくなって立憲民主党の勢いが上回っていました。しかしこれは結果論で、立憲民主党が設立されたとき、どうなるかを予想することは誰にもできませんでした。いま立憲民主党で共に頑張っている仲間たちの誰もが、あの時、勝ち馬に乗ろうなどとは考えてもいなかったでしょう。

当選後、枝野さんにかけてもらった言葉は、「『立憲から出たい』と言ってくれたときは、本当にうれしかった」でした。立憲民主党は当初、設立から告示まで1週間しかなく全国に候補者を立てるのは無理であり、東京や大阪中心の地域限定型の政党になると思っていたそうです。だけど、そこに島根県の私が加わったことで一気に全国政党になる自信をもった、と。

九州沖縄ブロックも東北も比例票が出ると考えられたので、数日しかないなかで候補者を探して、実際に北海道から九州まで議員が揃ったというわけです。

とにかく時間がなかったので、知人や党関係者から電話がかかってきて、「いま決めて」「はい、やります」「じゃ、いま戸籍謄本とってきて」「わかりました」という感じで、皆、即決しました。

「そんな急に言われても」とか「ちょっと考えたいので時間をください」というタイプの人は、結果的に立憲民主党から出ていません。混沌《とん》とした状況の中で、何が自分にとって大切なのかを瞬時に見極め、決断力のある人だけが立憲民主党に集まったわけです。

いま思うと、あの時のエネルギーが立憲民主党の勢いをつくったのかもしれません。しかし選挙は甘くないので、今後は勢いだけでは勝てません。ほかの政党以上に十分に準備し地道に勝ち上がろうと努力しなければ、有権者のみなさんの信頼を得ることはできないでしょう。

4 いろいろな人のエネルギーが1人の政治家をつくる

・あきらめるのではなく怒るべき

現在の政治状況は、国としての体をなしていない危機的状況だと言っても過言ではありません。法案の前提となる公文書が正しいか否か、各省が出す統計が正しいか否かという議論は、政策の善し悪しを議論する以前の問題で、ここに時間を取られている状況は民主主義の前提が崩れています。

こういう状況を招いた要因として、よく「野党がだらしないからだ」という意見を耳にします。「安倍首相をいいとは思わない。だけど野党が頼りないから自民党でいくしかない」と。

たしかに野党は頼りないかもしれません。だけど私は、国民があきらめてしまっている部分もあると感じています。国民が政治に関心をもたず、政治家に任せっぱなしにしていることが、政治の停滞の一端を担っていると思うのです。もう少し国民は「これはおかしい」という怒りを、政治に、とくに選挙にぶつけて欲しい。我慢する、放棄する、投げやりになるより、怒ったほうがよほど健全です。

また、「民主党に政権交代したけどひどかった」という意見があります。しかし「どこがどうひどかったと思いますか？」と訊かれて、具体的に答えられる人は多くありません。「ひどかった」というイメージは強烈だけれど、では今の自民党はひどくないのでしょうか。公文書の改ざんや統計データの不正の方がよっぽどひどいと私は思います。

政治は政治家の仕事ですが、その政治家を選ぶのは国民です。何かの刷り込みで、正しい判断ができなくなっているのではないかと、国民一人ひとりが一度立ち止まって考えてもいいのではないでしょうか。国民の判断が政治を左右するのです。

・ワークライフバランスは国会議員にも必要？

政治を変えていくためには、国民が政治に関心をもつことと同時に、新しい政治家を誕生させていく必要があります。実際、永田町でもいかにも昔のタイプの政治家は減ってきており、まだまだですが、多様性のある人材が政治家になりつつあるように思います。

そうなったとき、職業として国会議員を選んでもらえるかは重要で、例えばワークライフバランスの問題などは、これからの時代に避けて通れないことでしょう。

国会議員は労働基準法の対象外なので、年間何日間休みを取らなければならないという決まりはありません。国会議員の残業問題というのも聞いたことがありません。国会開会中の平日は東京の永田町にいて、土曜日と日曜日は選挙区にもどって地元の活動をします。会期中だからと言って、地元をおろそかにすることはできません。

私の場合も、丸一日オフというのはほとんどなくて、半日だけ休みをとって身の回りのことをしたり、映画を観に行って気分転換をしたりという感じです。比較的休みが取れるのは、国会が閉会したあとの夏期です。国会開会中は休みなく活動して、閉会中に何日間かまとめて休むというペースで、いわゆるカレンダーの赤い日を定期的に休むことはできません。

とは言っても、まったくプライベートがないわけではありません。学生時代の友だちと連絡は取り合っているし、学生時代の同窓会にも、政治家としてではなく個人として出席しています。とくに大学時代はスキー部に所属していて体育会系だったので、当時の仲間とは繋がりが強く、恒例になっている誕生日会にもできるだけ参加するようにしています。

やはりワークライフバランスは、国会議員にもあったほうがいいと思います。とくに出産や子育てを考えると、女性が国会議員になるためにはなおさら必要です。

ただし、前述したように、どうしても時間を確保するのが難しい部分があります。そういう意味では、時間の使い方が上手で気持ちの切り替えが早い人が向いているかもしれません。

いろいろな人が政治の場で自分の考えを主張することが理想なので、こういう人が政治家に向いていると決めることはできませんが、あえて言えば、心身ともに丈夫な人が向いていると思います。睡眠時間が取れないということはありませんが、身体は丈夫に越したことはありません。

メンタルは楽観的な人が向いているかもしれません。気持ちのどこかに「なんとかなるさ」という柔軟性をもって選挙に臨み、当選後はビクビクせずに質問していく。このような余裕も必要だと思います。

・少数派であることは強みになる

私は政治家になって良かったと思っています。やはり、やりがいのある仕事です。私がジャーナリストになりたかったのは、世の中で起こっていることを調べ、自分なりに考察するのが好きだからです。ジャーナリストと政治家では社会との関わり方は異なりますが、似ている部分もあるので、そういう意味でも議員の仕事はとても充実しています。

ただ、苦手に感じることもあります。特に選挙では、政治家は不特定多数の有権者にアピールしなければなりません。「私がいちばん議員にあっています」「私、すごいのよ」と主張する能力は不可欠です。このような自己主張は、せいぜい入社試験でしかすることはなく、ほとんどの人が苦手としていますが、乗り越えないと選挙には勝てません。

はじめて選挙に出たとき、「あ、自己主張しなきゃいけないんだ」と気づきました。自分の長所を客観的に探して、それをほかの立候補者と比較し、アピールポイントをつくらなければなりません。

私のアピールポイントは、たとえば50ヵ国を訪問したことです。また、国会議員でも英会話ができるのは少数派なので英語も強みで、女性であることも少数派なのでこれも強みと言えるでしょう。

政治家になりたいなら、このように自分を見つめて強みを探してください。普段は短所だと思っていることでも、それが少数派なら強みになるはずです。

・まわりの人たちの力を信じて

明治時代、それまでの身分制度から解放されて、不十分ながら議会政治が始まり民主主義の萌芽が見られるようになると、「これからは新しい時代だ」と、政治を前向きに考える機運が高まったと想像できます。政治家を目指す人も多かったのではないでしょうか。

それに対して現在の日本は、「自分が政治家になったところで何も変わらない」という無力感に支配されています。この無力感が、政治を志す人が減った理由のひとつだと思います。

この仕事の楽しさはいろいろな人に出会えることです。職業や年齢、特性も様々で、いろいろな国の人たちとも交流できるので、政治家になって飽きることはないと思います。

政治家になりたいと考えている方には、「人との出会いを大切にし、まわりの人たちを信じて飛び込んでみましょう」と伝えたいです。選挙は1人ではできません。自分が当選するためには多くの人たちが動いてくれます。いろいろな人の理解やエネルギーが、1人の候補者・1人の政治家をつくるのです。まわりの人たちの力を信じて、勇気をもって行動に移して欲しいと思います。

政治家のハードルが高いなら、選挙の手伝いをするなど、まず何かに関わってみてはどうでしょうか。通りがかった人が足を止めて、自分が貼ったポスターを見てくれる。そんなちょっとしたことでもうれしいものです。

小さな一歩を続けていくだけでも、大きな政治参加です。

とにかく、自分のできる範囲で構いません。政治の世界を感じてみてください。

亀井亜紀子議員から政治家を目指す人への直筆メッセージ

「チャンスの神様には前髪しかない」
自分の直感を信じて決断しましょう。
「人間万事塞翁が馬」
物事がうまくいかなくても悲観せず
前を向きましょう。政治家は心身共に
健康であることが必須条件です。
未来の政治家にエールを込めて

亀井亜紀子

「ジバン・カンバン・カバン」は自分でゼロからつくるもの

落合貴之

落合貴之

（おちあい・たかゆき）

野球少年、鉄道少年、将棋少年……いろいろなことに夢中になる少年はいるが、落合貴之議員はかつて「政治少年」だった。子どものころから憧れた政治の世界と政治家という職業。落合少年の歩みはそこに向けてまっすぐと進み、当選二期の国会議員となった現在も、理想に向けて足を止めることはない。この仕事が楽しくてたまらない、そんな風に語られる彼の政治家人生は、若干35歳で初当選を果たしたサクセスストーリーとしてでなく、政治少年の冒険譚のように響くから痛快だ。

コネも資金もなく、あるのは夢と情熱のみ。信念のためにはリスクもいとわない。こんな政治家に1票を託し、その成長を見守ることのできる選挙区の有権者が羨ましい。

プロフィール　1979年生まれ、東京都世田谷区出身。慶應義塾大学経済学部卒業後、三井住友銀行に勤務。その後、衆議院議員江田憲司、参議院議員松田公太の公設第一秘書を経て、2012年の衆院選にみんなの党から初出馬し落選。2013年、特定秘密保護法案に反対しみんなの党を離党、無所属に。2014年５月結いの党入党、党の合併により維新の党へ。2014年12月の衆議院議員選挙は、小選挙区では惜敗するも比例復活当選。党の合併により民進党結党に参加したが、2017年10月、希望の党合流に異を唱え再び無所属に。その後、立憲民主党設立に参画。同月の総選挙にて小選挙区勝利。衆議院議員２期目。現在、党国会対策副委員長、衆議院経済産業委員会野党筆頭理事。

1 小学生の頃から筋金入りの「政治マニア」

・積年のビジョンを具現化した初の選挙

私が初めて立候補したのは２０１２年に行われた衆議院議員選挙です。この時はみんなの党の公認で東京６区から出馬し、結果は落選でした。

東京６区は世田谷区の北部や西部になりますが、東京23区内でも有数の人口密集地で無党派層が多い地域です。この激戦区で私は、自分を応援したいと考えてくれる方々に運営してもらうという考え方で、あえてプロに頼まず選挙に臨みました。ウグイス嬢も運転手もプロは雇いませんでした。地元の有権者が運営する選挙をやりたかったのです。

結果的に言えば、私を含めて素人集団なので試行錯誤の連続で負けてしまいましたが、票に直接つながる明るい要素もありました。

たとえば、「友だちがウグイス嬢をやってるから、落合さんに入れようかしら」というふうに口コミが広がるし、知り合いの飲食店がポスターを貼ってくれたり、地元のつながりを力にした選挙運動が展開できたのです。

素人集団がプロ集団と戦うのでどうしても見劣りする部分もあって、ましてて負けてしまった

のでベストかどうかはわかりませんが、今後もこのやり方を続けていこうと思っています。実はこの選挙の戦い方は、私が以前から温めてきたものでした。

・政治少年を感激させた手紙

私は1979年生まれで、小学生のときに天安門事件やベルリンの壁の崩壊、湾岸戦争、ソ連崩壊などが起こり、子どもながらに時代の変化を感じていました。小学校2年生のときに書いた作文に、「どうして人間は戦争をするんですか？」という文章が残っています。

歴史や地理など、男の子で社会科が好きな生徒はよくいますが、私の場合はそれが高じて政治にまで向かっていました。すでにこの頃には政治に興味をもっていて、漠然と「政治家になりたい」と思っていました。

中学校になると、政治の本を100冊以上は読破しました。その中でもとくに、新党さきがけの理論的支柱だった田中秀征さんの本に感銘を受けました。

授業中も隠れて政治家の本を読んだりしていたので成績は褒められたものではありませんでしたが、高校受験の直前に、「あ、政治家になるんだったらいい大学に入らなくちゃ」と気づき、それこそ英語のアルファベットから猛勉強し直して、なんとか大学受験を視野に入れることのできる高校に滑り込みました。

高校受験が終わって時間ができたので、尊敬している田中秀征さんに手紙を書きました。日本が目指すべき方向や教育問題など、自分の考えを便箋にぶつけたら、なんと返事が返ってきたのです。

言葉にできないほどうれしくて、「よし、絶対政治家になるぞ！」と改めて決意し、それ以来ずっと、選挙はこうやって戦う、演説はこうする、日本はどうあるべきか、それに対して政策はこうだというシミュレーションを繰り返していました。

この頃から、先に述べた「地元の有権者が運営する選挙」をイメージしていたのでした。

職人の家系から突然変異

うちは職人の家系で、祖父の代までは風呂桶をつくっていました。時代の変化で風呂桶の需要がなくなったので、父の代からは設備業を営むようになります。ですから中学を出たらすぐに修行に入るのが、我が家の当たり前の環境だったのです。

そういった環境で育ちましたから、当然、親の影響があって政治に興味をもったわけではありません。親にしてみれば突然変異といった感じで、むしろ面倒な子どもだったと思います。いま自分にも子どもがいますが、私でも子どもに政治の質問をされたら嫌ですから。

高校から大学にかけても、私の政治熱は冷めることがありませんでした。大学生になるとボランティアで選挙の手伝いを始めるようになります。

政治は世の中を良くするだけでなく、汚職などお金に絡むネガティブなイメージもつきまといます。実際に選挙の現場に入ってみて、きれいごとだけではないんだな、と感じたこともあります。しかし私は書籍から知識を得ていたので、「やっぱりこうだったか」という程度で、「幻滅した、政治から距離をおこう」と思ったことはありませんでした。

反対にこの時感じたことを突き詰めることで、「企業団体献金は禁止」という自分の柱とする政策が形成され、２０１７年には「企業団体献金禁止法案」を提出します。大学生のときに感じた政治とお金の関係をなんとかしなければという問題意識に基づき、研究をコツコツ積み重ねて法案にしたわけですが、こういう一途なところは職人の家系の影響かもしれません。

・郵政選挙でスイッチが入る

私は大学を卒業すると銀行に入行します。すぐに政治の道に進まなかったのは、「有権者と同じようにサラリーマンを経験してから選挙に出るべきだ」と考えたからです。また、実際に接した政治家や秘書の方の中には常識的な感覚に欠ける人がいたのも事実で、やはり普通の社会人経験を積んだほうが自分のためにもなるだろうと考えました。

本当は20年ぐらい勤めて、経済や社会をきちんと勉強してから選挙に出ようと計画していました。ところが2005年に郵政選挙があって、小泉純一郎首相の街頭演説を目撃してしまったわけです。群衆のエネルギーを浴びたら政治家のスイッチが入ってしまって、銀行に辞表を出し、江田憲司さんの門を叩きます。

選挙の手伝いをしていた関係で江田さんとは面識がありました。「秘書にしてもらいたいのですが」と江田さんに連絡を入れると、「本当に銀行を辞めるの?」と。当時は大手企業のサラリーマンが政治家の秘書に転身するのはめずらしく、まして就職氷河期だったので、「せっかく銀行に入ったのに」と思われたのです。

「将来、政治家になりたいので、その勉強のために秘書を何年間かやりたいんです。年収200万円で構いません」と正直に目的を伝えました。「本当は田中秀征先生の秘書になりたいんですけど、田中先生は落選してしまったので江田先生の秘書にしてください」と言わなくてもいいことまで正直に話すと、江田さんは苦笑いをして雇ってくれました。後日談ですが、江田さんが立ち上げたみんなの党に、私が田中さんをつなぐことになりました。

江田さんのところでは5年間ほど秘書をやらせてもらって、その後、松田公太さんがみんなの党から参院選に出るとき、数ヵ月間ですが担当させていただきました。

2 離党届を出して経済的に追いつめられる

・みんなの党は理想に近い政党だった

2012年の衆院選にはみんなの党から出ますが、このときは江田さんから電話があって、「選挙に出たいって言ってたよね。今回なら公認するから」と誘ってもらって立候補しました。30歳を超えたばかりだったので、「実績もないし大丈夫かな」と若干不安はありましたが、「次に声がかかるのはいつかわからない」と思って引き受けました。小選挙区制度は政党の公認がないと当選は難しいので、出るなら今しかないと思ったのです。

みんなの党は金権政治を否定していた点で、自分の理想に近い政党でした。みんなの党は保守で、立憲民主党はリベラルというイメージがありますが、みんなの党の結成時の英語名は、「Your Party」です。片や、立憲民主党のホームページに掲載されている枝野幸男代表のメッセージのタイトルは「立憲民主党はあなたです」。

だから、有権者が主役の党という点では一致していて、基本政策も共通したものがあるので、

落合貴之議員の１日

国会会期中のある日

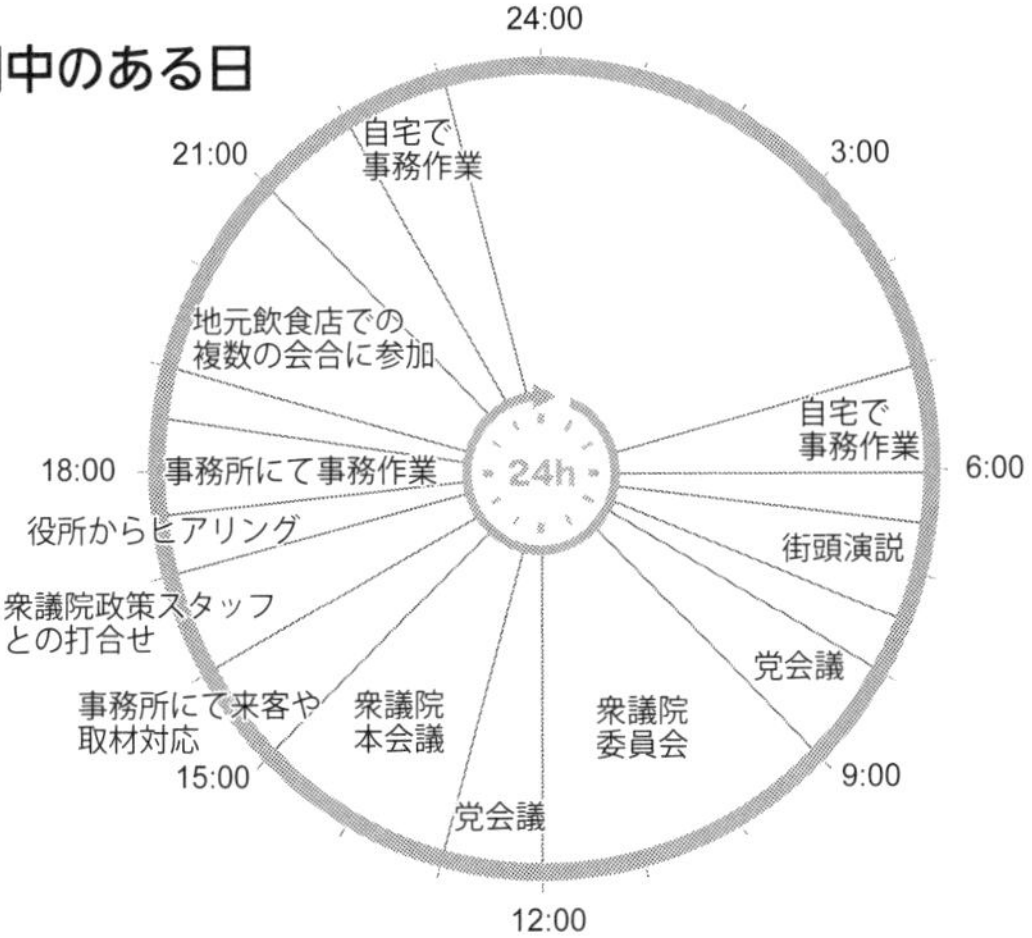

地元でのある日

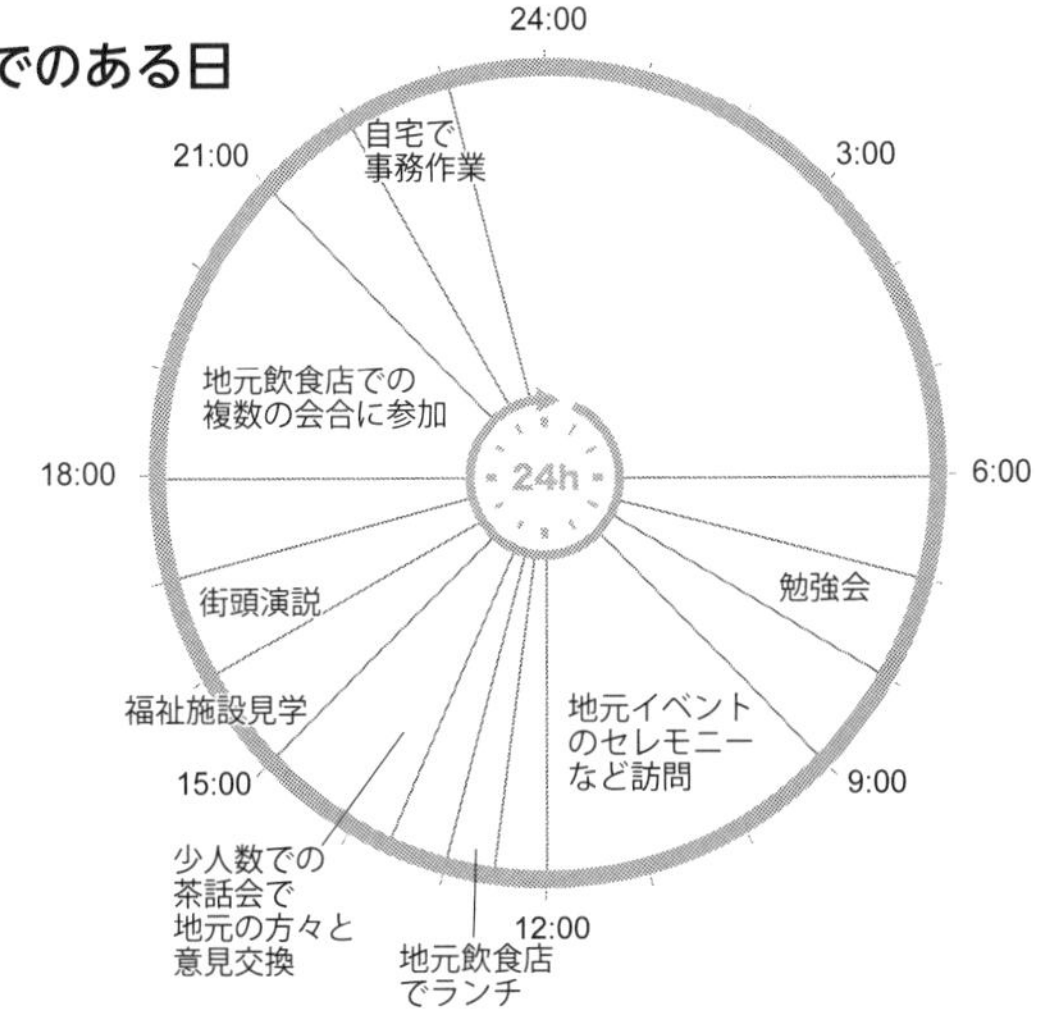

色合いは少し違いますが根本的な部分は同じだと思っています。私にとってはイデオロギー的な部分ではなく、意思決定のあり方や党の成り立ち、個別の政策が政党を見るポイントなのです。

ところで、このときの選挙では、「当選したら結婚する」と約束していた彼女がいました。結果は落選です。それなのに「いつ当選できるかわからないから、もう結婚する」と彼女が言ってくれて、落選が決まった日に結婚も決まり、私は妻の扶養家族になりました。

・首の皮一枚でつながって当選

落選後も私は、ふたたび国政にチャレンジするべく政治活動を継続していました。

そんななか、私にとっては受け入れがたい事態が発生します。２０１３年、「特定秘密の保護に関する法律」の衆議院本会議における採決で、みんなの党は法案への賛成を決めました。突然、〝第三極〟だったみんなの党が安倍内閣に協力するとなったわけです。

みんなの党は「脱官僚」を柱に掲げてきたのに、逆の方向を向いたこの重要法案に賛成することは、自分たちで党の存在意義を放棄したことになります。「これはどう考えてもおかしい」と思い、採決の日に離党届を出して無所属になります。

とはいえ落選中の身。事務所はそのまま維持していましたが、自己負担になるのでここから経済的にかなり苦労します。収入といえばアルバイトをして少々稼ぐぐらいで、基本的には妻の収入に頼る生活です。

事務所の維持費は地元の方々のカンパでも助けられましたが、2014年8月、「もう限界だ。事務所をたたむしかない」というところまで追い込まれます。すると、なんとご無沙汰していた方が偶然のタイミングで、100万円を寄付してくれたのです。首の皮一枚でつながって、なんとか事務所を維持することができました。

なぜ苦しい中でも事務所の維持にこだわったのかというと、みなさんが顔を合わせる場所は絶対に必要だと思うからです。インターネットを使っての政治活動という方法もあります。票を集めるための手段としてネットは有効だとは思いますが、やっぱり人が集って語り合ったり、いっしょに作業をしたりできる事務所は必要です。

そして、この2ヵ月後に衆議院が解散になります。維新の党から公認をもらって衆院選に出て、比例復活ですが初当選することができました。

有権者の方々へのあいさつまわりなどの活動は続けていましたが、あのとき事務所を閉めていたら選挙に出られていたかどうかわかりません。まさに天の恵みとしか言いようのない寄付金でした。

・勝因はいろいろな方の応援

このときの衆院選は本当に資金がなく、自分でもよく勝てたと思っています。開票速報で当選がわかって、みんなで喜んで拍手をしていたら電気がブチっと切れてしまうほど選挙事務所もボロボロでした。

選挙が終わったとき、私の通帳の残高は8万円。ここで落選していたら、さすがに次はなかったでしょう。

安倍政権に対する批判票が私に集まったことが主たる勝因だったと思いますが、お金がなくても地道に活動を続けてきたことも当選につながったと考えています。

選挙中にはいろいろなことがあるものです。元総理の秘書の方や後に小池百合子都知事の特別秘書を務める野田数さんが応援にきてくれたこともパワーになりました。

こんなこともありました。私が出馬した東京6区は、2002年に刺殺された石井紘基先生の選挙区です。石井先生のお嬢さんと選挙中にたまたま知り合って、最後の集会で涙を流しながら、「落合さんを応援しようと思いました」と演説してくれたことも勇気になりました。

選挙は大変だと言いますが、これは精神論だけではありません。議員になって最初の健康診断を受けたとき、レントゲンで肋骨に骨折の跡が見つかりました。選挙カーの窓から手を振っているうちに、窓枠に接していたところが疲労骨折していたのでしょう。

3 はたして新党の政策は自分に合うのか

・日本の政党に欠けているのはリーダーの育成

政権交代したにもかかわらず、民主党政権はわずか3年で倒れてしまいます。鳩山由紀夫内閣が正式に発足したとき、私はみんなの党のスタッフをしていました。

政権交代で国民の期待は高まりましたが、日本の社会を象徴していたというか、民主党には有能なリーダーが不在で、これが短命政権につながったのではないでしょうか。

たとえば、日本の会社では現場の社員一人ひとりは優秀です。ところが、優秀な現場を活かせる有能なリーダーがいません。これが日本の短所で、それは当時の民主党も同じだったと思います。

政権交代可能な民主主義を実現するなら、リーダーの養成を各政党ともやっていかないと、政権交代できても結局短命で終わってしまうでしょう。徒弟制度的な人材育成と、当選回数に従って大臣ポストを回していくような人事は、政権交代を考えなければそれなりに合理性のあるシステムかもしれませんが、リーダー教育に力を入れていかないと、政策論争を通じて国民に選択肢を提示できるような政治が育っていきません。

もちろん立憲民主党も同様です。それぞれの持ち場で頑張るのは当然で、それプラス、幹部は党を担う人材育成を意識的に実践しないと、もし政権を取ってもまた同じことになるでしょう。

・現職議員として見た民進党と希望の党合流劇

２０１７年9月28日、衆議院の解散が決定しました。当時私は、維新の党の合流によって民進党に所属していました。解散決定後、民進党の議員は党本部に集められました。私は1年生議員だったので政局の情報は新聞で知る程度です。

前原誠司代表はみんなを前にして、「安倍政権を倒すための大きな塊をつくります。希望の党といっしょにやっていきます」と言いました。そして前原代表は「選挙はいままで訴えてきた政策で戦えます」と説明しました。これなら、安倍政権の間違いの象徴である安保法制に反対することを旗印に、保守層を含めた大きな政治勢力が誕生する。それなら賛同できると私は考えました。

前原代表の話に対して細かいところを質問した人はいましたが、異論を唱えた人はいませんでした。「よし、やるぞ！」という雰囲気で満ち溢れていました。

ところがこの総会後、別の記者会見で小池百合子都知事は、「安保法制に賛成しない方は、そもそも希望の党にアプライして来られないんじゃないかと思います」という内容の発言をし

衆議院本会議場にて（2018年2月28日）

たのです。

この報道を観て、「なんだ、やはりそうだったか」との落胆とともに、やはりここは自分自身で道を切り開くしかない、「希望の党には行きません」と宣言しようと決めました。どのタイミングで離党表明するのが有効なのか。そればかりを考えていました。

たったひとりの記者会見

この選挙は安倍政権の是非を問うもので、そもそも反自民党でまとまる際の象徴が安保法制のはずです。ここがぶれてしまっては、有権者にとって選択肢はなくなります。

翌29日、小池さんの「排除発言」がニュースになると、「これでほかにも離党者が出るはずだ」と思いました。いちばん最初に離党するべきか……、あまり早すぎると潰されるかもしれない……、自分の離党が合図になってダダダッと辞める人が出るのがベストだ、そのタイミングはいつだろう……などと悩みます。

そして30日の夜、田中秀征さんを訪ねました。「離党しようと思います」と報告します。「よし、頑張れ」の一言くらいしか返ってこなかったと思います。心配そうでもあり、嬉しそうでもあり、期待してくれているようでもありました。

翌日の10月1日12時、私はひとりで記者会見を開きました。

この記者会見で私は、自分の立ち位置を「保守中道」と明言しました。私は憲法改正も必要があれば議論すべきという立場ですが、集団的自衛権に踏み込むことは、この国の安全保障上のリスクを高めるという考えです。原発ゼロや消費税増税凍結などの政策は希望の党と一致していても、ここだけは絶対に譲れない。そう言って、「希望の党には行きません」「民進党をひとりで離党します」と宣言したのです。

・街頭演説にできた長蛇の列

この記者会見のとき、すでに新聞には枝野幸男さんたちが新党をつくるだろうと出ていたので、記者のみなさんから質問を受けました。私は新聞に書いてある以上のことは知らなかったので、「いまの時点では合流するかどうかはわかりません」とだけ答えました。

記者会見の2時間後、東京・世田谷の祖師ヶ谷大蔵駅前で街頭演説をしました。記者会見の内容は、自分でSNSに発表したものとネットでニュース速報が流れただけでしたが、すごく反応が良くて驚きました。ツイッターの検索ランキングでも私の名前が上位にあったようです。私が街頭に立つと、「よくやった!」「頑張れよ!」と握手を求める長蛇の列ができ、演説ができないほどでした。本当にネットの反応がリアルタイムで返ってくる時代なんだと実感したと同時に、これなら無所属で出ても、当選しないまでもいいところまで行くかもしれないと感じました。

この日の夜、枝野さんたちは集まって新党結成の方針を固めたわけです。おそらく会議が終わってすぐだと思いますが、長妻昭さんから電話がかかってきました。「新党をつくるから参加しないか?」と言うのです。しかしこのときは、参加するともしないとも返事は保留します。

・電話の向こうから叫び声が

即答しなかったのは、新党の政策がわからなかったからです。新党と自分は政策が全然違う、そんな胸騒ぎがしたのです。ところが、次の日の枝野さんの記者会見を観ると、ある程度一致しています。

そこで長妻さんに電話をして、「確認があります」と切り出しました。「自分には譲れない3つの公約があります。民主党政権時に決めた消費税増税は凍結すること、原発ゼロ、そして企業団体献金の禁止です。この3つは新党の政策に入りますか？」と訊いたら、「政策の柱になっているよ」と答えてくれたので、すぐに枝野さんに電話をしました。

枝野さんと話をして同じ思いだと確認できたので、「参加させてください」とお願いして電話を切ろうとしました。すると切れる瞬間、電話の向こうから「やった！」という枝野さんの叫び声が聞こえるではありませんか。思わず笑ってしまいました。

新党に現職の議員が1人入るだけでずいぶん違います。まして私は民主党を経験していない保守系なので、新党の間口が広がるわけです。

・政治家を続けるために負けを選ぶ

この時、希望の党には行かないと宣言をして、立憲民主党からも声がかからない可能性もありました。なぜそのようなリスクを冒したのかといえば、いままで訴えてきた政策と真逆のことを1回でも言えば、だれからも信用されなくなるだろうと思ったからです。安保法制反対と言っていた議員が他の党に移って賛成と意見を変えたら、有権者はどう思うでしょう。たとえ当選できたとしても、私の政治生命は終わりです。

それなら自分の政策は曲げず、むしろ無所属で落選したほうがいい。このとき私は38歳だったので、10年後でもまだ48歳です。信念を曲げなければ、年齢的にも政界にもどって来るチャンスはあるだろうと考えました。政治家を続けるために、ここはいったん負けてもいいと判断したのです。

ちなみに、希望の党の排除リストに私は載っていなかったようです。だから当初、東京6区を希望の党は空白にしていました。ところが私が記者会見をした次の日には、当然ですが候補者を立ててきました。

結果的にこの選挙では、選挙区で当選できました。何の後ろ盾もない私のような議員が選挙区で勝てるまでになれたのは、ひとえに有権者の皆さんに育てていただいたおかげです。

4　300人の1人として手を挙げて欲しい

・国会中継と三ツ星に思うこと

2016年に特定非営利活動法人万年野党から、最高位の三ツ星議員に選んでいただきました。地道に頑張っている議員を評価してくれる賞で、素直にうれしく思いますが、もちろん私は三ツ星を目標に活動しているわけではありません。

しかし国会には、1回も、1分も質問していないのに偉そうにしている議員がいるので、第三者として評価する団体やシステムは必要だと思います。

たとえば国会中継でも、テレビやインターネットで放送されているかぎり、視聴率は意識されます。基本的に国会中継は生放送なので編集できません。視聴率をとれるのは話し方にインパクトがあったり、切り返しに瞬発力のある議員です。そうすると、注目される場面では同じ議員ばかりが選ばれて映されてしまうわけです。

これはこれで大事なことですが、これだと限られた議員だけが国民に注目されることになってしまいます。三ツ星議員のような基準で、地道に議員立法や国会質問に取り組んでいる議員を国民に知ってもらう機会が増えるのは、良いことだと思います。

・世論がストッパーにならない安倍政権

安倍政権を支持している国民が、安倍政権の具体的な政策を支持しているわけではありません。これがいまの政治状況で、安倍政権の違和感の正体です。

これまでの政権はいろいろな問題を含んでいても、世論がストッパーになって国民が支持しない政策は通せませんでした。しかし安倍政権下では世論はストッパーにならないので、国民が望んでいない政策がどんどん進められています。これはかなり危機的です。

2019年3月のNHK世論調査では、安倍内閣を「支持する」と答えた方は42%、「支持しない」と答えた方は36%でした。支持する理由では「他の内閣より良さそうだから」が47%です。原発も消費税増税も安保法制も国民の意見は反対のほうが多いので、ここを選挙で掲げれば政権交代はできるはずなのに、できない。野党が議席を3分の1もとれないというのは、それだけ野党の政治家が国民から信頼されていないということです。この責任は大きいと思います。国民に信頼してもらうためには、まず野党の再生が必要です。安倍政権がいちばん恐れているのはここですが、野党が再生するためには、先に述べたようにリーダーの養成が不可欠です。

さらに政治スタンスの明確化も必須です。安倍政権との違いを国民のみなさんに理解してもらうために、野党は政治スタンスを明確に提示しなければなりません。

自民党の政治は、特定の団体や一部の選ばれた人間だけで決めるものです。一方で立憲民主党の政治は、大多数の国民の声を反映するものです。この違いを理解してもらえれば、もっと多くの国民に信頼してもらえるはずなのです。

だから、これまでのように政治家同士で話し合って夜も一緒に飲んでいてはダメなんです。政治家はできる限り有権者と会って話さないと。食事やお酒の席でもいいですが、政治家各人が本音で有権者と話せるようになれば、国民の声が政治に反映されるし、政治家も必ず選挙で勝てるようになるのです。

・民主主義は有権者が政治家になる仕組み

政治離れと言われています。たとえば、学校で選挙の仕組みや投票の意義は教えても、立候補の意義は教えません。選挙権と被選挙権は同格でセットなのに、私たちは民主主義の半分だけしか教えられていないのです。

立候補の意義を国民が知ると、都合が悪くなる権力者たちがいるのでしょう。逆に言えば、被選挙権の重要性を多くの国民が認識したとき、そのときこそ政権交代が起こるのです。

本来、民主主義は有権者が政治家になる仕組みです。しかし、日本の有権者は政治家と自分たちは違う人間だと考えているし、政治家のほうも自分たちと有権者は違う人間だと考えている。この間違った認識を取り払う必要があります。

政治に思い入れのある人が、もっと気軽に立候補できる体制をつくらなければなりません。そのためにも立憲民主党は、思いのある人を応援する仕組みをつくっていく役割を担っている。この自覚が必要です。

大多数の有権者の思いを代表する人が各選挙区に立候補したら、既存の政治をひっくり返すことは可能です。小選挙区は全国で289ありますが、全国の小選挙区に有権者の心を代弁する立候補者が出馬すれば、日本の政治はひっくり返えります。全国を見渡せば、志の高い方は300人ぐらいなら絶対いるはずです。

たった300人でひっくり返すことができる。この300人の1人として、まずあなたに手を挙げて欲しい。そう希望しています。

落合貴之議員から政治家を目指す人への直筆メッセージ

私は日々、
できることをやる。
世の中のために、

落合貴之

自分の人生すべてが
私を政治に向かわせた

池田真紀

池田真紀

（いけだ・まき）

ものすごい情熱とパワーの持ち主である。インタビューは終始、池田真紀議員の問題意識と政策課題について熱く語られる内容となった。池田議員の話は常に、差し迫るほどの当事者意識に貫かれているが、その源泉は彼女の生い立ちと生き方そのものにある。「弱者」「貧困」「虐待」……私たちが社会を語る際、何の疑問もなく使っているこれらの言葉の背景にはどんな人がいて、どんな思いを抱え、どんな困難に直面しているのか。あくまで自分ごととして捉える彼女は、言葉の定義一つひとつに配慮を行き届かせ、具体策を語る。

もしかしたら池田議員のような政治家が切実に必要とされる社会は、生きづらいのかもしれない。しかし、いま、そういった時代に私たちは生きている。

プロフィール　1972年生まれ、東京都出身。高校を中退後、シングルマザーとして働きながら、福祉の道に進む。東京都板橋福祉事務所に勤務しながら、精神保健福祉士、社会福祉士、介護福祉士、介護支援専門員等の資格７種を取得。2011年、北海道に転居。2013年、北海道大学公共政策大学院に入学、2015年、公共政策学修士（専門職）学位取得。2014年12月、衆議院議員総選挙に北海道第２区より無所属で立候補し落選。2016年4月、北海道第５区補欠選挙に無所属で立候補し落選。2017年10月の衆院選では立憲民主党公認で出馬し、小選挙区では惜敗するも比例北海道ブロックで復活当選。

1 福祉の現場で感じた限界と政治の力

・地方公務員にできること／できないこと

私は政治家になる前、地方公務員として福祉や社会保障の現業にあたっていました。高齢者施設や障がい者施設、在宅介護などの福祉現場で働いたのち、東京都板橋区役所の職員に採用され、板橋福祉事務所に勤務するようになります。

その後、特別養護老人ホームのＢＣＰ（事業継続計画）ガイドラインの策定で北海道を訪れたときに、地域力に魅了されて北海道に生活の場を移しました。

現場で福祉全般に関わる活動を続けるなかで、私は限界を感じる場面が増えてきました。もちろん、制度や法律の解釈と運用は現場の地方自治体の判断に委ねられている部分があるので、地方公務員にもできることはたくさんあります。

半面、本当にできないこともわかってきます。多様な課題を抱える生活保護世帯に向き合い、「何とかならないかな」と思うことばかりでした。

そんなとき、民主党が政権を取りました。２００９年に民主党が与党になって、生活が変わったと思った方もいたでしょうし、何も変わらなかったと思った方もいたでしょう。

民主党は子どもの貧困にスポットを当てました。私が働いていた福祉事務所の業務に直接関係するものでしたが、民主党政権の政策で行政や政治家の意識、社会の意識が変わったかというと、必ずしもそうではありませんでした。

私は「自分たちの人気取りで子どもの貧困を利用するな」と腹立たしく、「覗き見だけならそっとしておいてくれ」とさえ思いました。法律や制度を変えることで解消しなければならない問題がたくさんあるのに、そこにメスが入らないまま、貧困の子どもたちが世の中にさらされてしまうリスクがありました。至らない法律や使えない制度は、当事者から言わせれば残酷なだけです。

その一方で、高校授業料の無償化は大変大きな成果を感じました。地方自治体や地域の

NPO団体だけではどうすることもできないところまでメスを入れたのです。

生活保護の家庭だけではなくすべての生徒が無償化の対象になったところに、私は意義を感じました。貧困な子どもだけ無償にするのは、スティグマや冷たい社会をつくることになりますから。すべての生徒が当然の権利として教育を受ける。あくまでも「すべての生徒」が重要なのです。

また、子ども手当や母子加算の復活には、まさに政治でなければできない、いわゆる政治力を感じたのです。

その年齢でしかできないことのために

高校授業料の無償化に関しては、さまざまな意見があると思います。たとえば、無償化によって高校を卒業できたからといって就職できる保証はない。それなら職業訓練に力を入れたほうがいいのではないか。こういう否定的な意見を言う人もいます。

しかし私は、10代のその年齢のときに高校に通い、その年齢に必要な経験をすることが大切だと考えています。学校という世間とは異なる時間の流れの中に身を置くことで得られるのは、学力や卒業後の進路以外にも大切なものがあります。

私は社会人になってから大学院に通いました。若い人たちと勉強したり世間話をすることは、とても楽しくて充実した時間でした。でもその一方で、駆け足のカリキュラムにならざるを得ず、「やっぱり、みんなのように20代前半で通いたかったなあ」という思いもあります。頭の柔らかいときにいっぱい本を読んで、同じような年齢の仲間と議論をしたり夢を語り合う。恋愛を意識したりもするでしょう。人生にはその年齢でしかできないこともあるはずです。

国会議員になって、ますます子どもたちに学問の機会を保障する必要性を感じています。政治は経済的に手助けすることしかできません。それならせめて、経済的な保障だけでもしっかりやらなければと思うのです。

党の候補者公募で「高校も出ていないのか」と言われる

現業職の長い私の経歴では、職場で上のポジションを目指しても限界があります。そうであれば、現場の声を反映できる政治の世界に移ろうと考え、公務員としての仕事に終止符を打ちました。

当時の民主党の候補者公募に応募しましたが、政治家にとって学歴は重要で、選挙に出る以前に壁がありました。

候補者公募の応募方法は、経歴に関することや論文など、まず党が指定する内容を提出します。その後面接などに進んでいくわけですが、面接で私の学歴を見た面接官が、「なんだよ、これ？」「高校も出ていないのか。本気か？」と目の前で平然と口にしたのです。

その時の私の学歴は高校中退、つまり中卒になります。大学入学資格検定（現・高校卒業程度認定試験）を受けて福祉の国家資格も取得してきました。また、北大公共政策大学院に在学中でもあり、書類選考を経て面接に進んだと思っていたので、その場で改めて学歴について否定的なリアクションがあったのは心外でもあり、「やっぱりそうか……」という思いも抱きました。

やはりこの学歴では、公募では相手にさえしてもらえません。おそらく私と同じような経験をして心が折れたり、「政治家なんかになるものか」と憤慨した人も少なくないのではないでしょうか。こういうところにも政治離れの一因があると思います。

とはいえ、政治の世界に進もうという決意は固くありました。こんなことでヘコたれている場合ではありません。むしろ、「だからやってやる」という思いが強まりました。

2 選挙カーの上から生い立ちを話す

無所属で相次いで国政選挙に出馬

2012年1月、札幌市白石区のマンションで、42歳の姉と知的障がいのある40歳の妹の2人の遺体が見つかるという事件がありました。姉妹は月7万円程度の障害年金で暮らしており、料金滞納のためガスが止められていたそうです。

白石区では80年代にも同じような事件があって、何でこんな初歩的かつ基本的な過ちがなくならないのかという憤りを感じました。この姉妹の事件で、政策スタッフではなく政治家になろうと考えるようになりました。

どのように制度や法律を解釈し運用するのかによって、ひとりの命が守れるか否かが決まる。それならば、福祉の現場がきちんと動くようにしたい。こういう私の考え方の核ができたような気がしています。

札幌市議の公募に応募した理由は、この事件と生活保護全般の問題を解決したいからでしたが、２０１４年12月に衆議院解散総選挙があり、選挙区事情で候補がいなかったなかで市議選の準備をしていた私に白羽の矢が立ち、急きょ衆議院選挙に出ることになりました。私の一番の問題意識の生活保護行政は国の制度でもあるので一貫性はあり、迷いはありませんでした。

しかし、民主党北海道が私の擁立を決めたものの党本部の公認が下りず、その結果、無所属での立候補を余儀なくされ、民主党系の票が割れるかたちで落選します。

２０１５年9月の安保法制の強行採決後、初めての国政選挙が２０１６年4月に行われることになりました。2回目の衆議院議員選挙は北海道5区の補欠選挙です。

北海道5区衆議院補欠選挙は、政党ではなく市民団体「戦争をさせない北海道市民の風」など市民のみなさんに推されて、次いで民主党(当時)が推薦し、無所属での立候補となりました。無所属でも今度は全国初の野党統一候補として注目されました。

池田真紀議員の１日

国会会期中のある日

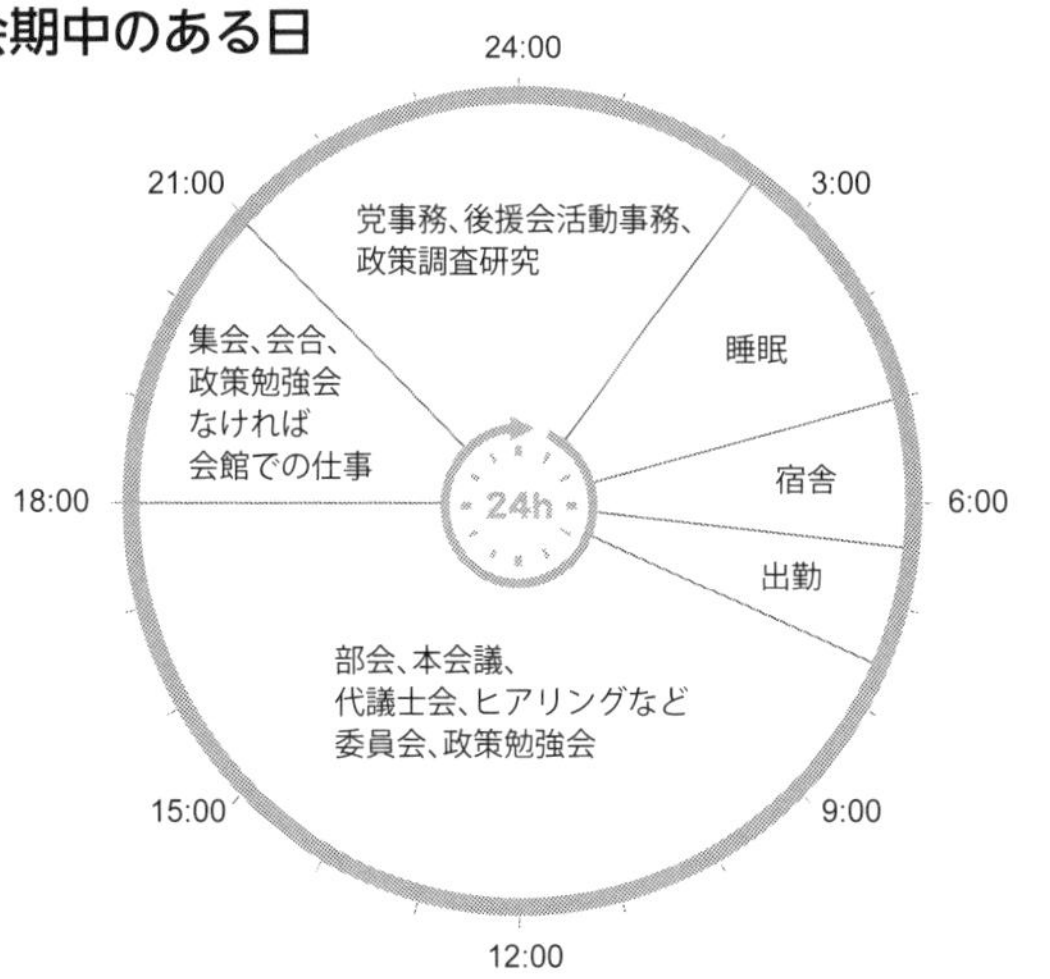

地元でのある日

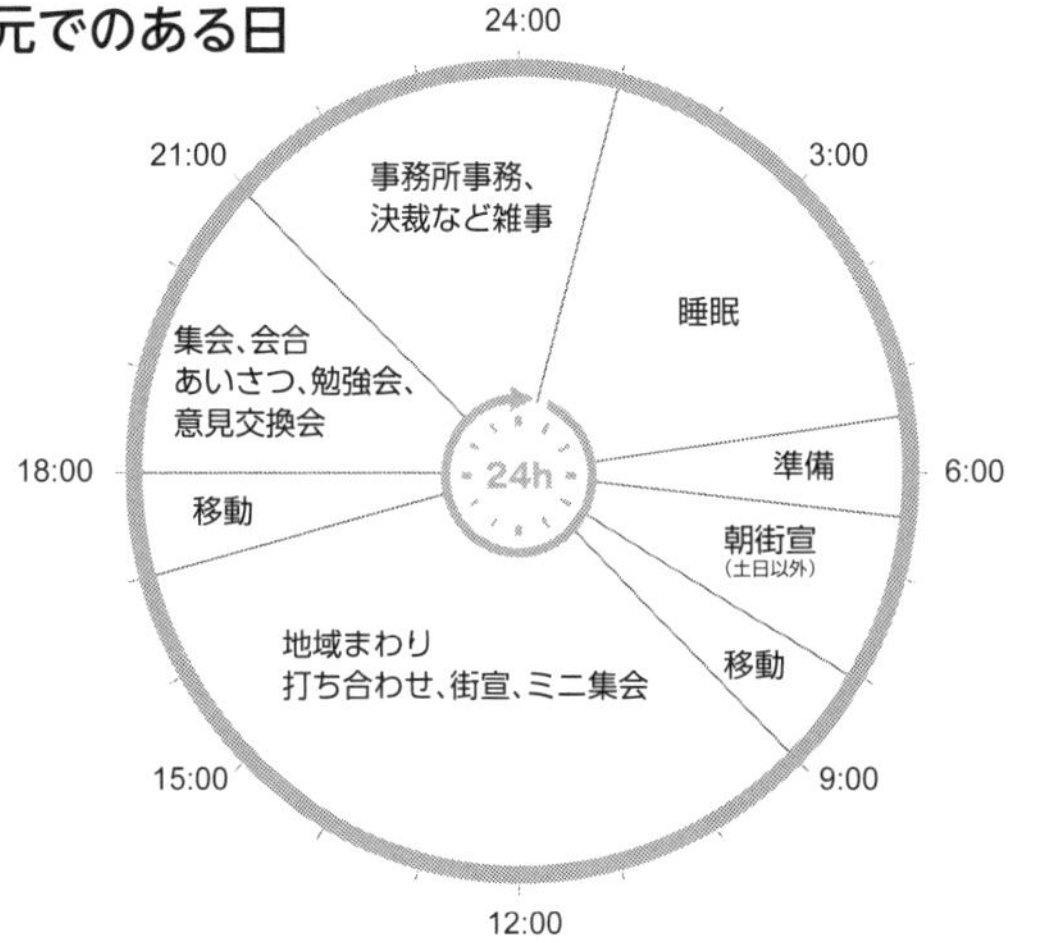

当選経験や知名度のない私は、街頭演説などで自分は何者なのかという説明から始めなければなりません。福祉の世界で頑張ってきたことを、みなさんに覚えてもらうのです。その福祉活動が認められて、市民のみなさんも応援してくれているのだと訴えます。

ではなぜ、福祉にこだわって生きてきたのか。ここを説明する必要がありました。

●当事者としてのスピーチ

衆議院補欠選挙の運動初日、私は原稿を使わずに演説しました。選挙カーに上がった瞬間、何かが降ってきたかのようにスピーチが口をついて出てきたのです。

どうして福祉にこだわって生きてきたのか。その原点は生い立ちにあって、自分の家庭はどういうものだったのかを、限られた時間のなかでできるだけ具体的に説明しました。

この時の演説はたしかに勢いで訴えたものですが、そこで使った言葉一つひとつまで、私のそれまでの人生において意味を考え抜き、自分なりに本質を掴んだものを、正確に伝わるようこだわって使いました。

たとえば私は、「虐待」という言葉は使いません。だから「私は家庭のなかで暴力を受けていた」と表現しました。法律でも児童虐待防止法のように「虐待」を当然のように使いますが、私は「虐待」という言葉自体が虐待だと考えています。虐待をされた経験があると、子どもも大人も、「虐待」と聞いただけで心臓がえぐり取られるほどの苦痛を感じます。このことを多くの人に知ってもらいたいのです。

また、当時の家族の状況を話すのに、「妹は身の危険を感じて、2階から飛び降りて自分の身を守りました」と言いました。逃げるために飛び降りたのではなく、「身を守る」ために飛び降りた。妹の行動には理由があることを伝えたかったのです。

そして、私たちは暴力を受けていたがだれも助けてくれなかった。警察も学校も見て見ぬふりをした。母親は救急車で運ばれたままもどって来なかった。祖母は首を絞められて殺されかけた。このような自分の生い立ちを説明しました。

私は「だれも助けてくれなかった」という表現を使いましたが、これは「守ってくれなかった」という意味です。つまり当事者が求めるのは「(加害者を)逮捕してください」ではなくて、「(被害者を)守ってください」なのです。

家庭内の暴力事件が報道されるたび、「すぐに逮捕できるように法律を改正しろ、厳罰化しろ」という意見が必ず出て来ます。そうではありません。被害者を「守る」ことが大切なのです。守り方とは例えば、どれだけ離せばいいか、親権の問題はどうするのかということで、「逮捕する」ことではありません。多くの人がここを誤解しています。

演説の最後に、「でも、そんな家庭を私は恨んでいません」と言いました。虐待されていると、自分の身を守るために言いなりになるという話があります。心理学的にはそうなのかもしれません。しかし、家族のなかで起こっていることはもっと複雑です。他人にやられているわけではないのですから、他にも感情があるのです。

血のつながりの有無に関係なく、家族を全否定してしまったら自分の存在がなくなってしまう。そうならないためにも、こういう人がいたということを別の人格として認識し、心のどこかに置いておく必要があります。どんなにひどい環境だったとしても、自分のルーツをなかったことにはできないし、したくないのです。

当事者として自分はこういう政策をやりたいということを伝えるため、私には、自分の生い立ちを語る必要がありました。

・すべてがつながって政治の場にやってきた

自分の生まれ育った環境を説明し、高校には少し通ったものの家族がバラバラになって自立する必要に迫られたこと、数年後に子どもがふたり生まれてシングルマザーになったことも演説で話しました。

シングルマザーとしての生活は大変でしたが、自分が子どもの頃の環境と比較したからなのか、不安はありませんでした。ただ、生きづらさはありました。役所は話を聞いてくれない。保育園は偏見で見る。10代のシングルマザーは、どこに行っても先入観から解放されません。

だったら、この怒りをエネルギーに変えて福祉事務所で働こうと考えたわけです。行政は何もわかっていない。駆け込むところがこんなことでいいのか。私が変えてやると。

子どもの頃の経験も、シングルマザーになってからの経験も、福祉の仕事も、結果的にすべてが政治活動につながっているのです。

また、2016年の補欠選挙にあたっては、2015年に成立した安保法制も立候補の大きな理由になっています。

私は、憲法の解釈を歪曲して集団的自衛権の行使を容認するのが、安保法制だと思っています。これまで、平和主義や戦争の放棄の観点から集団的自衛権を認めてこなかった日本が、憲法の改正論議なしにこれを認めるのは、どう考えても危険です。

戦争や紛争が起こると経済だけでなく、福祉を必要としている方々が真っ先に犠牲になります。ひとりの福祉がみんなの平和です。私が安保法制を福祉の観点からとらえた点に注目してくれて、市民のみなさんは応援してくださったのです。

3 混乱する政局のなかで初当選

・公認候補でも市民主体の選挙に

補欠選挙が終わって、私は民進党北海道第5区総支部長になりました。

民進党北海道第5区総支部は次の衆議院選挙に向け、党大会を開き準備を始めることにしたものの、立候補者はいませんでした。そこで、補欠選挙に無所属で出た私を党公認の次の候補者にしようと、２０１６年６月18日の臨時大会で支部長に選出したのです。

姉の命日なのでよく覚えていますし、また、運命というか必然というか、強い覚悟と決心で本当の意味での闘いの始まりを意識しました。「第二章　はじまる」として、補欠選挙で応援いただいた方々へ、公認候補予定者として総支部長になったことの報告集会を開催しました。

それから、まさに、闘いの活動が始まりました。市民のみなさんは、雪の寒い時期でも真っ暗なうちから越境して朝の駅でのあいさつやビラの配布などを手伝ってくれました。また、党の看板の建植も市民が越境して手伝ってくれました。本当に感謝です。

そういうなか、２０１７年９月28日、衆議院が解散しました。「さあ、選挙だ」という時に、状況は急変します。民進党は公認候補を出さないということになり、緊急会議が開かれました。市民のみなさんが足を止めず、私たちの政治をつくるために一緒に続けてきた活動を終わらせるわけにはいかない。私が考えていたのはそれだけです。

会議で道連は、「両議員総会で決めたことなので、残された選択肢はない。全員、希望の党へ行くしかない」と言い放ちました。嫌なら無所属でと考える人もいたのですが、私はこの北海道５区も、すでに無所属で選挙に出ているので、無所属での出馬は選択肢にまったくありませんでした。

衆議院本会議「子どもの底上げ法案」法案趣旨説明の様子（2018年3月30日）

5区幹部は「新しい党ができるらしいよ」と噂を持ち掛けられましたが、毎日どんなに事態が変化しようと事実に向き合い対応するだけで想像を膨らます余裕はなく、ひたすら活動を続けました。

こういった状況のなか、立憲民主党が発足し、最終的には希望の党、無所属という3つの選択肢が現れました。その日のうちに5区の選対や支持者と急いで協議をして、立憲民主党から立候補することを決定しました。3度目の衆議院議員選挙です。

・東京と北海道の温度差

結果から言うと私は立憲民主党の公認候補として出馬することになったのですが、特に道連から指示があるわけでもなく、5区の選対で議論し、即手続きに入りました。

立憲民主党から立候補を決めても、「手続きどうするんだ?」「夜の記者会見の内容は決めたのか?」などとあわただしく追われていたので、10月3日に行われた枝野幸男さんの街頭演説は見ていませんでした。

さっそく、翌朝から「立憲民主党から出ることになりました」とプラカードを持ち、朝の駅前で市民のみなさんに報告をします。これまでのように「頑張ってね」と握手してくれますが、少し離れたところから「立憲民主党ってなに?」という声が聞こえてきたのも事実です。

東京で騒がれていることは、本当に政治に関心のある人はともかく、北海道には届いていなかったのかもしれません。北海道と東京では温度差があったように思います。そして変わらなかったのは、その間ずっと足を止めず運動してくれた市民や、それを見守ってくれていた市民の信頼でした。

小選挙区では一歩及ばなかったものの、13万5948票、惜敗率95・2%で比例代表北海道ブロックで復活当選することができました。当選を知ったときは、市民のみなさんの声、地域のみなさんの声を国政に届けていきたい。そう思うばかりでした。

4 ロールモデルを届けるのも政治家の仕事

・魂を込めた議員立法法案

2018年3月、野党6党で「子どもの生活底上げ法案(通称)」を衆議院事務総長に共同提出しました。政府が進める生活保護制度の改定では、支給額が下がる家庭があり子育て世帯を圧迫するので、より実態に即した内容が必要だと考えてつくった議員立法法案です。これは野党の共同提案です。

筆頭提出者として、私は衆議院本会議で趣旨説明をしました。シングルマザーになって生活保護を受給した経験を語り、間違った生活保護制度は人命を奪う危険性があると述べました。そして、貧困家庭の子どもたちの生活を底上げする法律をつくらなければ、現実的な救済にならないと法案の意義を説明しました。

議員立法は、法律案の原案作成からはじまって、部会や政調審査、各党調整など様々な手続きを経る必要があるのですが、こういうイロハを経験する前だったので、この底上げ法案をつくるために多くの先輩議員にご指導をいただきました。

底上げ法案が完成したときは、「いままでの私の人生は、このためにあったんだ」という感慨を覚えました。本当に魂を込めた仕事だったと。

もうひとつ、現在審議されている児童虐待防止法の改正があります。これも当事者として、私にしかできない仕事を何か残せるよう取り組んでいきたいと思います。

・市民力があらゆる壁を突破する

政党にはそれぞれ主義主張があります。たとえばエネルギー政策について、原発再稼働を掲げる党もあれば、再生エネルギーへの転換を掲げる党もある。そこで議論が生じるわけですが、現在の国会は、議論の前提となる統計そのものが信用できなかったり、公文書が改ざんされていたりと、ひどいと言わざるを得ない状況です。

こうした状況を改善するために、野党が強くなければならないという意見ももっともなのですが、もっと国民の運動が必要だと感じます。それは、従来の政党と支持母体といった関係よりももっと個人的な、自分の代弁者となり得る候補を直接的に支援するようなアクションです。よく長妻(昭)さんが研修会などで「支持基盤に属する方に頼るのではなく、例えば公示日に1枚のポスターを貼ってくれる人を地域に1人でもつくる、そういうことの積み重ねが大切」とおっしゃるのですが、私もその通りだと思います。そういった〝市民力〟が、政治につきまとうお金の問題や立候補への壁を突破する原動力になるのではないでしょうか。

お金と権力をたくさん持っているような、昔の政治家然とした人も少なくなっています。いまこそ、新しい政治参加の方法を始める時なのです。

・2000円の振り込み用紙の温かさ

政治家になって感じるのは、とにかく「立候補したい」という人がいないということです。選挙に出るには仕事を辞めなければならないかもしれないし、落選したら無職になってしまうかもしれません。「家族が理解してくれない」とか「選挙に出るような経済的余裕はない」という理由で避ける人が多いようです。

選挙はたしかにお金がかかりますが、方法を模索することは可能です。たとえば政党の公認候補になると、党から選挙資金が配分されるだけでなく、支持団体からの献金も増えるケースがほとんどです。

無所属の場合は、政党の選挙資金が得られず比例代表選挙に立候補できません。ですから、比例復活と資金のことを考えれば、政党の公認候補になったほうが有利です。だから私は2017年の衆院選に出る際、「無所属では出られない」とはっきり言ったのです。私は後援会活動の経理を自分でも確認しているので、「やっぱり国会議員には資金力が必要だなぁ」と毎日のように感じています。

寄付をしてくださる方からはいただいていますが、私の後援会の会費は0円です。年金生活の方が、「振り込み用紙に書いたけど、郵便局に行くのは大変だから」と2000円の振り込み用紙を手渡してくださる。心のこもったとても温かい振り込み用紙です。こういうみなさんの思いで、チラシなどをつくることができるわけです。

立憲民主党は、年会費５００円の「立憲パートナーズ」を立ち上げました。必要経費を考えるとマイナスかもしれませんが、この制度を通じて政治への参加意識が芽生えるなら、とても良い投資になるでしょう。

こういう小さな政治参加が必要だと思います。政治家になることだけがすべてではなく、「これをやりたい」「何かやってみよう」という気持ちが大切なのではないでしょうか。

・ロールモデルが見える仕組みづくり

先に述べたように、強烈な生い立ちと福祉の現場で困難に直面した経験が、私を政治に向かわせました。引き続き底上げ法案、そして児童虐待の問題などについて、国会議員でなければできない議論や法案作成、あるいは国民のみなさんに届くように自分の考えを訴えていかなければならないと、日々考えています。

だれにでも人生があってそこから見える社会があり、それを出発点にすれば、政治家になることは大して高いハードルではありません。

または、ロールモデルが見えれば具体的にどのように行動すればいいかがわかり、行動に移しやすくなるでしょう。「こういうやり方もあるのか」「こういう人でも政治家になれるのか。

じゃあ私もチャレンジしてみよう」とイメージしやすくなる工夫が必要で、ロールモデルが見える仕組みをつくるのも政治家の仕事だと思っています。

ただしその場合、「私はそれを乗り越えてきたから」という成功者の物語になってしまってはいけません。あくまでも、行動や考え方のモデルになることが目的なのです。

・国を豊かにするには地域から

最後に伝えたいことは、「おかしいと思うならやろうよ」「理想社会を追求しようよ」「政治家になりたいんだったら、一歩踏み出そうよ」「みんな、何かやろうよ」ということです。

自分の生活を変えるのは不安ですが、工夫次第で不安は払拭できるものです。

選挙ボランティアでもいいし、必要と思う地域活動でもいいし、仕事上のアクションでもいい。たとえば私は、行政のなかにいると国家資格を持っていても狭い範囲でしか使えないので、自分でフリーソーシャルワーカーという活動方法をつくりました。社会福祉士や精神保健福祉士、介護福祉士などの国家資格を取得していたので、それらを総合した専門家としてフリーでやってみようと考えたのです。

テレビや新聞、ネットニュースなどを通じ、いくらでも国政を知ることはできます。だけど自分の生活範囲で見落としていることがいかに多いことか。政治の力で解決できる重要なことを、見落としている可能性もあります。

私はいま国会議員を務めていますが、地方議員にも大きな可能性があると思っています。多くとは言いませんが、地方議会は本来、行政を監視すべき立場なのに、十分に機能していると言える議会はどれほどあるでしょうか。都道府県議会をはじめ、市議会や町議会をまっとうにするためには、そこで暮らす市民がしっかり旗を立てていくしかありません。地道ですが、とても重要な作業です。

そのためには、もうひとつ。障壁を楽しむくらいの心のあそび、ポキッと折れないしなやかさも大切です。障壁を乗り超えるからこそ得るものがあります。私は、２０１４年12月から２０１７年10月の３年３ヶ月の間に３回も衆議院選挙の機会をいただき、どれも想定外のいばらの道でしたが、転んでもだからこそ見えるものを力に換え、バネにして乗り超えてきました。挑戦しなければ前進はないのです。

いろいろな人がそれぞれのスタンスで立候補し、いろいろな人たちが候補者を支えて、地域の政治が豊かになって欲しい。地域が豊かになれば国も豊かになります。

だからみんな、活動してみようよ。いっしょにやりましょう。

池田真紀議員から政治家を目指す人への直筆メッセージ

思いは
言動
行動に

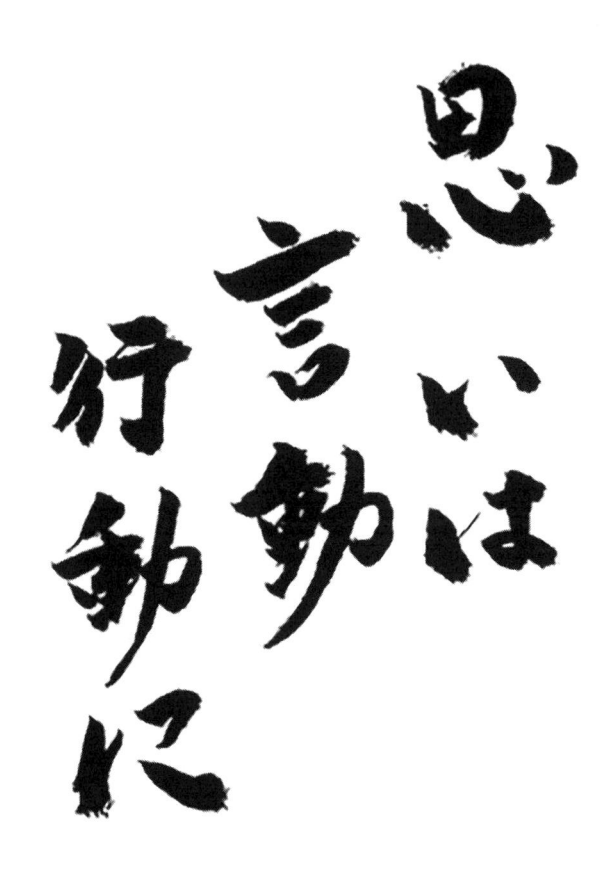

政治は私たちの「暮らし」を決めるもの

櫻井 周

櫻井周

（さくらい・しゅう）

常に冷静で穏やか、論理的な語り口が印象的な櫻井周議員。その経歴が物語るように知性派のスマートな人物かと思いきや、内に秘めた熱さが随所に感じられるインタビューとなった。

これまでの所属政党からの出馬可能性を絶たれ〝排除〟の噂が飛び交った「あの日」、櫻井議員は自らの原体験に照らして運命の決断を下したという。一見してエリート政治家という印象の櫻井議員はしかし、たゆまぬ努力と綿密な計画に基づき、時にはリスクを取って大胆に行動する信念の人である。

国際経験に裏付けられた国家観とそれに基づく政策を着実に具現化する力量は、「三ツ星議員」獲得からも明らかなように、現役国会議員屈指の実力だろう。

プロフィール　1970年生まれ、兵庫県伊丹市出身。1994年、京都大学農学部卒業。1996年、同大学大学院農学研究科修士課程修了。同年、海外経済協力基金（政府系機関の再編により、国際協力銀行を経て、現在は国際協力機構）に就職。2002年、ブラウン大学大学院環境学修士課程修了。2005年に同行を退職し、特許事務所に転職。2007年、弁理士登録。2010年、特許事務所を退職。2011年４月の伊丹市議会議員選挙に立候補し、初当選。2015年に再選。2016年、民進党兵庫県第６区総支部長に就任。2017年の衆議院議員総選挙では立憲民主党公認で兵庫６区にて出馬、選挙区で敗れるも比例復活で初当選。

1 ビジネスパーソンとして、子育て世代としての実感

・アジアを舞台に仕事をして感じたこと

私が政治家になろうと思ったきっかけは、大きく2つあります。1つ目は日本の経済の停滞で、2つ目は子どもを産み育てる環境です。

私は大学院を修了して、1996年に海外経済協力基金（その後、国際協力銀行）に就職します。フィリピンとインドネシアなどを担当し、大型の融資案件を手掛けていました。

東南アジア経済が好調の時代で、ある種の高揚感があったわけですが、海外出張を終えて成田空港に帰ってくると、こちらはどこか活気がありません。「停滞しているなあ。東南アジアは元気なのに、日本の閉塞感は何なんだろう」と肌で感じるわけです。東南アジアを元気にすることも大事だけど、その前に日本を何とかしなければいけないのではないか――そんな思いが漠然とありました。

国際協力銀行（当時）は、開発途上国の経済開発のための資金を供給するために設置された日本政府の金融機関です。たとえば私も、700億円を融資するというレベルのインフラプロジェクトを担当していましたが、「アジア通貨危機のあとで財政再建を進めるべき」とか「国有

企業改革を進めるべき」「中央集権ではなく地方分権を進めるべき」などと、向こうの担当者と政策的な話もしていました。そう言いながらも、「よその国に偉そうに言う前に、日本でこそ取り組むべき政策なのでは」と思っていたのです。

・妻の出産で直面した日本の課題

国際協力銀行での経験が国という大きな視点だとすると、2つ目の子どもを産み育てる環境は、個人的な経験から気づいたものです。

妻が妊娠をして8週目に入ったので、出産のための病院を探したときのことです。近所に大きな病院があったのでそこに電話をしたら、「いや、もういっぱいです」と。そのあと何院か電話をして、やっと受け入れてくれる病院を見つけることができました。

少子化と言われているのに、いっぱいとはどういうことなのか。出産経験のある同僚に訊いてみると、「出産難民というのがあるんだよ」と教えてくれました。出産できる産科がどんどん減っているというのです。これは大きな社会問題だと思いました。

こういうことがあったので、保育所探しは子どもが産まれる前からはじめました。それでも待機児童になってしまったのです。共稼ぎだったので、どちらかが勤めを辞めなければならないと真剣に考えました。妻の収入のほうが若干高かったので、「これは専業主夫になるしかないかな」と思ったりもしました。

このような家庭が、日本全国にどれだけあるのでしょう。国の視点で考えても、出産や子育ての環境が厳しいから、2人の納税者のうち、1人が仕事を辞めなければならないわけです。国全体としては大きな損失です。

出産や子育て支援といった基本的なことができていないから、日本の社会は停滞しているのではないか。いまの政治家はいったい何をやっているのか。次第に、「自分がやったほうがマシだ」と思うようになっていったのです。

2 櫻井流選挙戦略

・お金がなければ当選できないのか？

子育てやそういう分野は基本的には地方自治体がやるものなので、市議会議員に立候補しようと考えました。たまたま知り合いが議員をやっていたので、ボランティアで選挙を手伝ったことがありました。この経験は自分が出馬するときに役立ったと思います。根拠のない自信というか過信だったかもしれませんが、こうやれば市議会議員選挙は当選できるだろうという勝算は自分なりにありました。

選挙にはお金がかかると言われます。たしかに国政選挙はある程度の資金は必要ですが、地方選挙ならそうでもありません。

もちろん、地方選挙でもお金をかけたほうが当選の確率は高くなると思いますが、だからと言って、お金をかけなければ絶対当選できないかと言えばそんなことはありません。ようするにやり方次第です。上手にやれば、低コストで十分当選できるはずです。

どの層に向けてどういう政策をどのような方法で訴えていくのか。的確なマーケティング戦略を立てるのは、ビジネスも選挙も同じです。

・選挙は夫婦で戦うもの？

妻に「市議会議員選挙に出たい」と伝えると、「反対に決まってるでしょ。勝手なことしないでよ」と怒られてしまいました。だけど私も「俺は絶対やるから」と引きません。「反対」「やるから」の平行線が続いて、「家族に迷惑はかけない」「妻は選挙の手伝いを一切しない。表には一切出ない」と約束をして、やっと承諾にこぎ着けることができました。

選挙戦は夫婦でやるものという固定概念がありますが、もともと私はそれが嫌いでした。ですから、選挙には関わらないという妻の条件は、私の考えと一致するものです。

妻が横で一生懸命ペコペコしていると同情票が集まるかもしれませんが、それは選挙の本質とは違うものです。選挙に出ているのは私で、妻は関係ありません。このような因習も変えたいと思って立候補した部分も少なからずありました。

そして、他の候補者が旧態依然としたやり方で戦って、私だけが新しい方法でチャレンジすれば、当選するだろうという計算もありました。

私が新しいモデルを提示して、なおかつ当選すれば、「なるほど、そういうやり方もあるのか」と思う候補者や議員がいるでしょう。こういう小さなことの積み重ねが、選挙でも議会でもイノベーションを起こすのだと思っています。

・費用対効果を見極める

このようなプロセスがあって、２０１１年に行われた兵庫県の伊丹市議会議員の選挙に立候補しました。

立候補したからには、選挙事務所を構える。選挙カーを準備して走り回る。こういったことが当然のように思われていますが、私はやりませんでした。

事務所を持つには、短期間でも敷金・礼金、家賃がかかります。選挙カーに関しては、レンタカーの費用は公営選挙として選挙管理委員会が負担してくれますが、スピーカーやアンプ、上に取り付ける看板など1セット用意するのに30～40万円ほどかかります。地域にもよりますが、事務所と選挙カーを準備するだけで、１００万円はかかってしまうわけです。

選挙事務所と選挙カーに１００万円をかけて、はたしてどれだけの票が上乗せできるのか。候補者によって判断は異なると思いますが、私は「こういうお金のかけ方は効率が悪い」と判断しました。

ですから私は、事務所も選挙カーも使わずに、タスキをかけて街頭に立って演説する。移動は自転車。このスタイルで戦いました。

櫻井 周議員の１日

国会会期中のある日（平日）

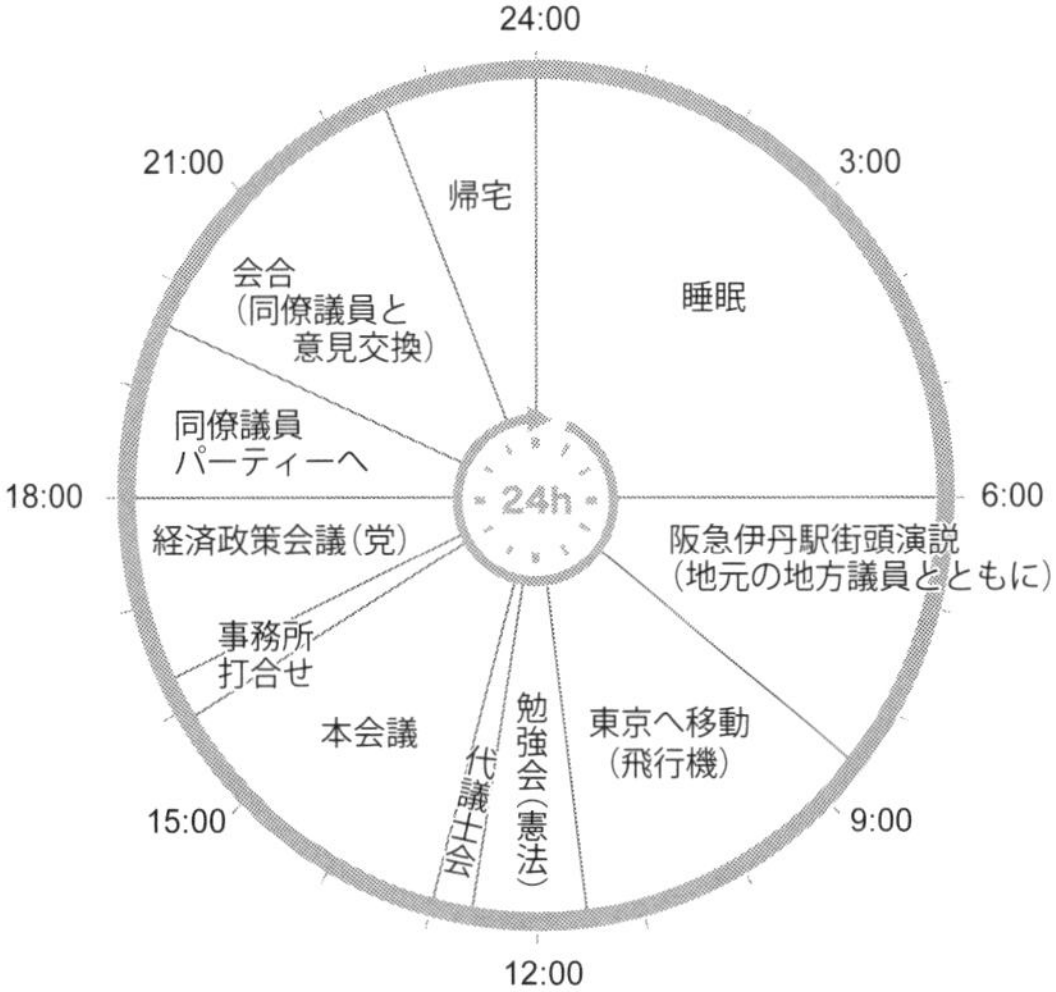

地元でのある日（週末）

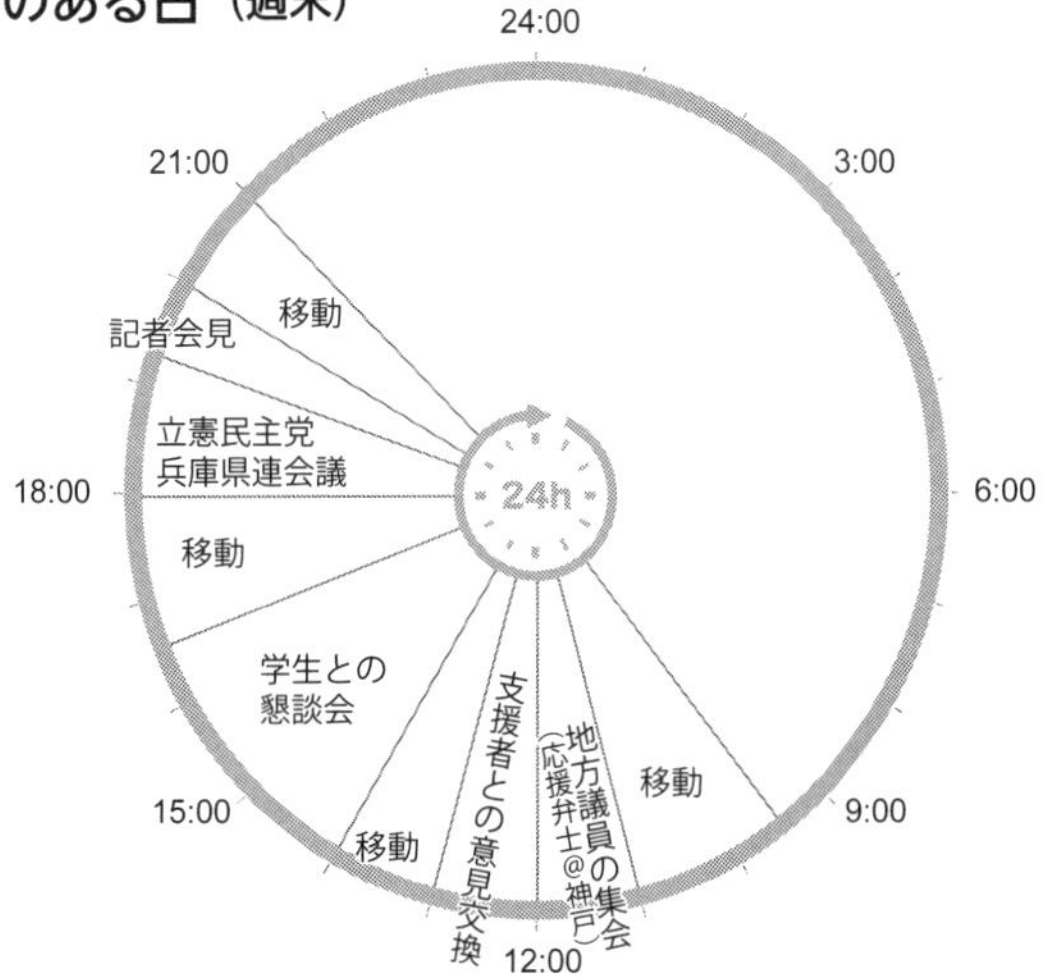

・選挙カーなし・事務所なしが1位と2位を独占

インターネット選挙運動が解禁になるのは2013年なので、このときはまだSNSなどは使えませんでした。しかし、選挙が始まるまでに書いていたものは消去しなくてよいということだったので、そのままにしておけばアピールになるし、自分のサイトにアクセスできるQRコードをポスターに入れておきました。

こういったアプローチは、すでにそれほど斬新なものではありませんでした。選挙の激戦区、特に東京・世田谷区議会の選挙では、地方選挙といっても100人ほどが出ます。激戦のなかでいかに勝つかという工夫を、みんなさんやっています。その工夫を研究し、エッセンスを取り入れることができれば、より当選の可能性は高くなります。当時、私が戦った市議選で、そういったことをやっている人はほとんどいませんでした。

2011年の市議選では、私は2位で当選しました。1位で当選した方も選挙カーなし・事務所なしの候補でした。しかも1位・2位ともに新人です。現在、1位の方は県議会議員として活動しています。2位の私は衆議院議員として活動しています。ふたりとも政治活動を続けていられるのは、そういったスタート時の工夫があったことも要因としてあるのではないでしょうか。

3　信念に従う

・市議会議員の経験から見えてくる国会の異常さ

私は市議会議員として地方議会を経験してから国会議員になりましたので、両者の違いを感じることもありますが、最近の国会の異常さは、地方議会の経験からもそう言えると思います。一般的に市議会の場合、一つの政党や会派が過半数を占めることはほとんどありません。いくつかの会派が手を結んで、ようやく過半数になる市議会がほとんどです。国会のように、与党／野党とはっきり分かれていないような状態です。

ですから、外から見ると「議会はオール与党化している。首長の提案ばかりが通っている」と映っていても、結果に至るプロセスは必ずしもそうではありません。首長側が「この内容では過半数は取れない」と判断すると、首長自ら通過する内容に修正してから提出するような調整が行われています。首長と議会に緊張関係がないのではなく、膠着してしまわないように議論が尽くされ、修正案も傾聴されやすい構図があるのです。

それに対して現在の国会はどうでしょうか。衆参ともに与党が過半数を占めており、十分な議論も尽くされず、問題を含んだままに採決される法案が少なくありません。

2019年1月28日に召集された国会は特にひどい。厚労省の毎月勤労統計の不正が問題になっているのに、参考人は出さない。資料も出さない。実質賃金についてきちんとした資料がない状態で、どうやって経済政策を打つのか。私の経験で言えば、伊丹市議会でここまで資料が出てこないということはありませんでした。

議論のための資料がない状況での審議は、予算と時間の不毛な浪費であるだけでなく、国家として危険な傾向だと思います。データや公文書の改ざんなどは、国民の日々の生活にダイレクトに影響を及ぼすことはないかもしれません。しかしこの状態が日常化すれば、積もり積もって、10年後20年後の日本をダメにするはずです。

このような閉塞状況を打破するためには、過半数という決定ラインそのものを見直すべきです。議案の採決は過半数で決するとしても、たとえば、4分の1の議員が資料を要求したらその資料や参考人は出すというようにケースに応じたルールにしないと、過半数をもった政党にとって都合の悪いことはすべて隠蔽できてしまいます。

立憲民主党を含む野党ばかりが腹を立て、有権者は白けている状態が日常茶飯事になるのは避けなければなりません。国民のみなさんもいっしょに怒って欲しいと強く思います。

そして、膠着した過半数状態にならないためにも、やはり定期的な政権交代が必要です。政権交代による国会の活性化こそ、近代国家のあるべき姿だと思います。

学生ボランティア、支援者と櫻井周議員

・政治の原体験

私には市議会議員になる以前に、政治に触れた機会があります。

1993年、京都の大学に通っていた私は友だちに誘われて、近くにある前原誠司事務所で選挙のボランティアをしました。前原さんが衆議院で初当選したときです。

2日ほど手伝った私は、「選挙はおもしろい。どうせなら自分の地元で手伝いたい」と思って、中選挙区時代の兵庫2区で、当時の日本新党の小池百合子さんの選挙ボランティアに移りました。このときの経験が私の政治活動の原体験になるわけです。

小池さんと学生ボランティアの私が直接話をするような機会はありません。雑用をしながら、たまに遠くにいる小池さんの様子を眺めていたという感じです。

あくまでもそういう距離感での感想ですが、私は小池さんから政治的なパッションを感じることがありませんでした。

パッションというよりもファッションと表現したらいいでしょうか。つまり、政治課題を実現するんだというパッションは感じられませんが、自分をきれいに見せるための手段として政治をアクセサリーのように使っていると感じたのです。

学生ボランティアから20数年後、私の人生は再び、小池さんと交わることになります。

●「排除発言」前後の状況

2016年、私は民進党の兵庫県6区の総支部長に就任し、翌2017年、衆院選に立候補しました。

この衆院選で私は、民進党から立候補するものだと思っていました。しかし急に政局が変わり、民進党は希望の党に合流する事態になります。この動きは私にとって受け入れがたいものでした。「何で小池さんのところに合流するんだろう。政治的な駆け引きとしてそういうこともあるだろうが、はたしてうまくいくのだろうか」。私の小池さんに対するイメージは、20数年前から変わっていなかったのです。

希望の党に対しても信念を感じられなかったので、たとえ合流させてもらえたとしても、うまくいかないだろうと思っていました。むしろ私は行きたくないとさえ考えました。

小池さんはそのときの世論の動きや雰囲気をつかんで、自民党にいたほうがカッコ良く見えるのか、自民党の外にいたほうがカッコ良く見えるのか、そういう判断で動いているように私には感じられたので、希望の党といっしょにやりたいとは思わなかったのです。

民進党と希望の党では民進党のほうが候補者は多いので、希望の党が民進党を飲み込んだ状態で選挙に臨み議席を取ったとしても、そのうちの7割以上は民進党系の議員になってしまいます。そうなると、希望の党をどう舵取りしていけばいいのか。「民進党系だらけでもかまわない」と腹をくくるような覚悟が小池さんにあれば別ですが、私にはそうは見えません。

あの時小池さんが発した「排除発言」は、裏を返せば懐の浅さの露呈です。選挙前に民進党の立候補者の多くは排除されました。たとえ合流できたとしても、現職と元職が優先されて、新人はそのあとになることは明らかです。

私の兵庫6区はかつて小池さんがいた選挙区なので、必ず自分の子飼いの候補を降ろしてくるはずです。合流していたら、新人の私は居場所を失っていたでしょう。どの角度から考えても、私に合流という選択肢はなかったのです。

無所属の出馬という選択肢も自分の中ではなかったので、民進党でも候補者を出すということにならないかなと思っていました。

・立憲民主党の公認候補に

私は衆院選に出るために、2017年9月25日に市議会議員を辞職しました。ところが27日に合流の報道があって、「これはどうなるのか」と心配しているところに、10月2日、枝野幸男さんが立憲民主党立ち上げの記者会見を開きました。

私は、「この党から出たい！」と思いました。

市議会議員を辞めて立憲民主党ができるまで約1週間、宙ぶらりんの時間があって、地元の新聞記者さんからは毎日のように、「どうするんですか？」と質問を受けました。どうなるかわからないので、間違っても「希望の党には行きたくありません」などという尖った発言はできません。「動向を見守ります」「党本部の決定に従います」としか言いませんでした。

するとある新聞に「党本部の決定に従うと発言。希望の党を希望」というふうに書かれてしまいました。「『希望の党に行きたい』とは、ひとことも言っていないのになあ。何かに影響しなければいいけど」と思ったものです。一方で、私の気持ちを汲んでくれて「自分自身にフィットする政党がなくて困っている」というような書き方をしてくれた新聞もありました。

市議会議員だった私にも、それなりに国会議員秘書の知り合いが何人かいました。2日の記者会見をテレビで観た私は、ある秘書さんに電話し、関西の窓口は辻元清美さんだと教えてもらいます。辻元さんには2016年の参院選のときに兵庫県に来ていただき、6区でも演説をお願いするなど面識があったので、直接電話を入れました。「立憲民主党に行きたいんですけど」と伝えると、「そう、ありがとう」と受け入れてくれました。電話のこちら側でもわかるほどバタバタしていたので、大阪をまとめるので精一杯だったのでしょう。「兵庫の先生をまとめておいて」と言うと辻元さんは電話を切りました。

早速、ほかの候補者に電話を入れて、「いっしょに立憲民主党に行きましょう」と誘います。「そうだね。立憲にするよ」と言ってくれた方もいれば、「どうしようか考えているところなんだよ」と言う方もいました。結果的には誰も来ませんでした。

その後、長妻昭さんから確認の電話があって、「もちろん参ります」と答えます。入党届けを直筆で書いて、すぐに出さなければなりません。郵送では間に合わないので、その日の深夜、活動が終わってから高槻市の辻元清美事務所まで車で届けに行って、なんとか間に合ったという1日でした。

このようなプロセスを経て立憲民主党から公認をいただき、比例復活で衆議院議員に選んでいただくことができました。

4 報酬を考えたら議員にはならないほうがいい

・日々の努力で三ツ星議員に

衆議院議員になると、「いちばん力を入れている政策は？」という質問を受けることがありますが、何が一番か決めるということはしていません。

ただ、現在の日本にとって短期的にも中長期的にも最大の課題は、人口の減少、少子化、そしてデフレだと思っています。これらの課題の裏側には、格差社会や子育て、教育に対する政治の手薄さがあって、この部分を充実させていかないと本質的な解決にはいたらないと考えています。結局、社会は人の集まりなので、一人ひとりを大事に育てていくことに尽きるのです。

衆議院議員として、国会における質問や質問主意書、議員立法などで日々努力するのは当然で、世のなかの不条理や矛盾を正し、国民の暮らしを良くするために国会で質問していきたいと考えています。

ところで私は、日々の努力が認められてか、ＮＰＯ万年野党が発行している「国会議員三ツ星データブック」で、三ツ星議員に選んでいただきました。評価していただいたのは、２０１８年10月24日に召集された臨時国会における活動です。

三ツ星に選ばれる議員は中堅の一定程度キャリアを積んだ方が多く、衆議院議員になって1年4ヵ月で選ばれるとは思っていなかったので驚きました。言うまでもなく、三ツ星を獲るためにやってきたわけではありませんが、これまで地道に取り組んできたことが評価されたのは素直にうれしかったです。

表彰に浮かれることなく、今後も着実な活動をしていく所存です。

・イメージより少ない議員報酬

政治家になろうと考えている人には、まず、政治はだれか特別な人のものではないということを伝えたいですね。政治は生活そのものです。国民みなさんのものです。しかし、だれかが声を上げないと、いまの日本の政治は「国民・市民のもの」にはなりません。だから一歩踏み出しましょう。いっしょにやりましょう。そう伝えたいと思います。

世の中には、一歩踏み出せる人と踏み出せない人がいます。政治家を志しても、選挙のために会社を辞めて、落選すると無職になってしまい経済的に厳しくなります。おそらく、この部分で踏み出せない人が多いのではないでしょうか。

はっきり言っておくと、一般の人が思っているより議員の報酬は多くはありません。むしろ少ないと考えたほうがいいでしょう。

わかりやすく説明すると、議員の報酬は売上みたいなもので、ここから経費を捻出するので見かけよりも少ないです。政務活動費があると言っても全然足りず、身銭を切らないと務まらないのです。

退職金もなく、税金や社会保障は自分で負担するので、イメージとしては、サラリーマンの報酬から3割減らしたものが議員報酬という感じです。報酬面から合理的に考えると、「やらないほうがいい」という結論になってしまいます。

もし、高収入を期待しているのであれば、政治家はおすすめできません。政治家はボランティアだ、くらいの覚悟は必要です。

・専業主婦・主夫も議員になってほしい

落選して無職になるリスクが立候補から遠ざけるなら、逆に考えれば、専業主婦・主夫なら落選しても失業するリスクはないので、立候補しやすいのではないでしょうか。

町議会議員は議員報酬だけで家計を支えられないので、たいていは別に仕事をもっています。見方を変えれば、夫婦片方の収入で家計が支えられるなら、専業主婦・主夫が町議会議員になっても報酬面で困ることはないわけです。

たとえば大阪府三島郡島本町の町議会は、半数ほどが女性議員です。地方の町議会では、昔からその地域を仕切っているような血縁集団が議員になる傾向が強く残っていますが、都市部の町議会になると女性議員が多いという傾向があります。地域的に可能なら、専業主婦にどんどん進出してほしいと思います。

さらに言えば、さまざまな人が政治に参加することが理想なので、「こういう人が政治家になるものだ」というイメージに縛られないほうがいいと思います。

子育ての経験者が保育園や幼稚園、小学校などの課題に取り組む。組織のなかで働いてマネジメントを学んだ方が、その視点から議会で提言していく。そういう政治が理想的ではないでしょうか。

・経験が自分の未来をつくる

最後に、私が大学生のときに経験したことを紹介したいと思います。

私は大学4年生のときに日米学生会議に参加しました。1934年に創設された日米学生会議は、満州事変で悪化していた日米関係の信頼回復を目指した日本初の国際的な学生交流団体です。

私は1993年に東京・福岡・兵庫で開催された第45回会議に出席しましたが、いまでも話し合ったことは鮮明に憶えています。原爆や日米戦争についての議論をはじめ、1990年代以前の日本とアメリカ、アジア諸国との経済関係。そして、21世紀に向かって経済成長するアジア諸国との関係の変化などをアメリカの学生と論じ合いました。

アメリカの学生との交流だけでなく、理系一辺倒だった私が、文系の学生と話をしたことも良い経験になりました。また、私も含めて当時の日本の大学生は政治的な話をあまりしなかったので、日米安保や外交関係など、いわゆる国際政治の話を学生同士で討論できたのは新鮮で刺激的でした。

政治に関心のある方ならなおさら、政治に関心のない方でも、若いうちに何か、人とかかわる経験をもつことをおすすめします。選挙のボランティアでも、学生会議のようなものでも何でもかまいません。その経験が自分の未来をつくる一歩になると信じて、行動を起こすことを期待しています。

櫻井 周議員から政治家を目指す人への直筆メッセージ

政治は 永田町にあるんじゃない
みなさんの生活の中にある!!

政治というと国会議事堂のイメージが
あるかもしれません。しかし、政治は
みなさんの生活の問題を解決する
ものです。暮らしの中に おかしなこと
がある、不条理を感じるなら、
いっしょに声をあげましょう

衆議院議員
桜井 周

何度も「なんで俺なんだろう」と思いながら

神谷 裕

神谷 裕

（かみや・ひろし）

どれだけのタフな現場を踏んできたのだろう。神谷裕議員は当選一期ながら、すでに百戦錬磨の貫禄を漂わせている。底抜けの明るさと言葉の端々からにじみ出るサービス精神は、かえって政治家としての凄みを感じさせ、聴く者を惹きこむパワーに満ちている。本人は自らのキャリアについて「ほとんど成り行きですよ」と謙遜するが、常に未知の環境に飛び込むことで自らを鍛えてきた実践派。究極の実力社会である永田町で積み上げてきた経験値をいま、国会議員という重責を果たすためにフル活用している。

茶目っ気たっぷりに語りつつ、その言葉には確かな見識と裏付けが備わる。大局的な視点から政情をとらえ、一度かかわった政策には終生責任を取る覚悟で臨む神谷議員。人懐っこい笑顔の奥に、大器の片鱗が見え隠れする。

プロフィール　1968年生まれ、東京都豊島区出身。帝京大学文学部卒業。衆議院議員小平忠正の公設第一秘書、参議院議員徳永エリの公設第一秘書、日本かつお・まぐろ漁業協同組合の従業員などを経て、2014年12月の衆議院議員総選挙に北海道10区から民主党公認で出馬するも落選。2017年10月の衆議院議員総選挙に北海道10区から立憲民主党公認で出馬し、比例復活により初当選。

1　秘書経験20年を経て国会議員に

・成り行きで国会議員の秘書に

私は大学を卒業すると、中国の大学に留学しました。なぜ中国だったのかというと、あまり威張れるような理由ではありません。大学で在席していたのは国際文化学科だったのですが、地域研究と語学を選ぶ際、「漢字だったらなんとなく意味わかるんじゃないか、単位も取れるんじゃないか」と中国にしました。そうしたら意外と水が合ったのか、向こうの大学の編入試験に合格し、民族学を勉強することに。3年弱いたので、中国語もそこそこ話せるようになりました。

ちょうど中国の経済成長がはじまる入り口で、行ったときの自転車の風景が、帰国するときには自動車が激しく往来する風景に変わっていました。砂かぶりで中国の発展を感じることができたのはよい体験でしたね。

ところが日本に帰って来ると、バブルが弾けて就職先がありません。どこでも良いから最初に決めてくれたところに行こうと思っていたところ、鳩山邦夫先生の秘書に採用されました。ですから、政治家になりたくて、まず秘書になったというような積極的な理由はありません。

正直な話、成り行きです。

鳩山先生にお世話になった後は、先生の紹介で、自社さ政権の第一次橋本内閣で農林水産政務次官に任命された議員の秘書に移ります。そこには民主党政権が終わるまでいました。

政治家の秘書に向いている、または政治家の秘書が好きだと思われるかもしれませんが、決して自分では向いているとは思っていません。たまたま秘書の仕事が続いただけです。

・解散日に「できるか？」と訊かれて

現在、私は北海道10区で衆議院議員を務めさせていただいていますが、10区はもともと私が仕えていた議員の選挙区です。私は東京の出身ですが、北海道選出の議員の秘書になってからずっと10区のみなさんにお世話になっていて、立候補させていただいたというわけです。

2012年の衆院選で負けてしまい、今度は同じく北海道の参議院議員の徳永エリ先生のところに移ります。

さて、2014年の衆院選では、民主党の北海道10区の候補者がなかなか決まりませんでした。私は徳永先生の秘書をしていましたが、北海道10区の代表代行から電話があって、「これから候補者を決める会議をするんだが、誰もいなくて困ってるんだ。おまえの名前、使ってもいいか?」と言われました。「そんなに困っているのなら、どうぞ」と私も軽い気持ちで答えたのですが、会議が終わってかかってきた電話で開口一番「あんたで決まったから」と。後で聞くと、会議では私以外の名前は出なかったそうです。

衆議院の解散にともなう選挙でしたが、いきなり解散日にそう言われました。消費税率の引き上げを自民党が先送りしてその是非を問う解散総選挙で、解散が11月21日、公示日は12月2日というタイトなスケジュールです。

「できるか?」と訊かれれば、秘書歴20年でいろいろな経験をしてきたので、やりたいことは数多くあります。突然の指名で驚きましたが、「ありがたい機会をいただいた」と思って受けさせていただいたのです。

・まわりがどんどん動いてどんどん進んでいく

このとき私は永田町にいたので、「で、いつこっちに来られるんだ？」とグイグイきます。「仕事の引き継ぎをしてからです。どんなに急いでも、北海道に行くのは明後日になります」と答えました。

そして2日後、朝の便で新千歳空港に着きました。そこから車で1時間ほどかけて岩見沢市に入ったときは、12時前です。後援会事務所では役員が待っていて、「あと30分もすれば政見放送の撮影クルーが来る。話すことを考えろ」とせかされながら弁当を食べます。

撮影クルーは、まず事務所の壁をバックに写真を撮って、政見放送の収録に入りました。自分たちで写真を撮る時間がなかったので、このときの写真をポスターで使わせてもらいました。

政見放送の収録が終わると撮影クルーから、「岩見沢らしいところで撮影しましょう」とアイディアが出て、「それなら街頭演説を撮ろう」と後援会のスタッフがひらめきます。私の意見を聞いてくれる人などいません。話はどんどん進んで、気がつけば岩見沢駅のロータリーで「北海道10区の神谷裕です！　よろしくお願いします！」と叫んでいました。

つい先日まで秘書だった私の初選挙は、こうしてあわただしくスタートしたのです。

・妻の返事は「着替えは何枚いる？」

話は前後しますが、急遽出馬することになったので、家族に相談するどころか報告する時間もありません。事務所から妻に、「ごめん、急遽出馬することになった」と入れた電話が唯一の報告です。

妻の返事は、出馬そのものについてはいいも悪いもなく、「えっ、いつ北海道に行くの？」でした。「着替えは何枚いる？」と。もともと妻は肝が据わっている人ですが、見事な対応だったと思います。

子どもは2人いてどちらも男の子ですが、このとき長男が小学校6年生で次男は小学校3年生でした。私は自分にとって最初で最後の選挙だと思っていたので、選挙の終盤の土曜日と日曜日に家族に来てもらいました。子どもにとっては社会勉強です。

長男は私の顔を見るなり、「あれ？　髪の毛がずいぶん白くなったね」と驚いていました。自分では苦労しているとは思いませんでしたが、やっぱり大きなストレスがかかっていたのでしょう。子どもとは半月ほどしか離れていないのに、「白くなった」と言われたのは、さすがにショックでした。

結果は落選でしたが、同じタイミングで長男が希望する人気のある地域の公立中学校に進学することが決まりましたので、家族のなかではあまり落選が話題になることはなくて、気分的には助かりました。

・健闘が認められ次の選挙も

追われるように戦ったはじめての選挙でしたが、7万1219票をいただくことができました。当選者と1万5000票ほどの僅差だったので、我ながら健闘したと思いました。「もう少し準備に時間をかけられれば」と言ってくれる方もいましたが、そういうことを言い出したら立候補者全員に事情があるので負けは負けです。

いずれにしても健闘が評価されて、選挙対策委員会から「次はなるべく早く第一公認にするから」と言ってもらい、2017年の衆院選につながります。自分では「次はない」と考えていましたが、次も出馬できることになって、北海道10区で3年間活動しました。

しかし選挙は厳しいものです。「絶対、次は勝ってくれよ」と3年間常にプレッシャーをかけられました。「はい、そのために毎日頑張っています」と答えると、「比例じゃないよ、小選挙区で勝ってくれよ」と。なかなか大変な時間でしたね。

神谷 裕議員の1日

国会会期中のある日

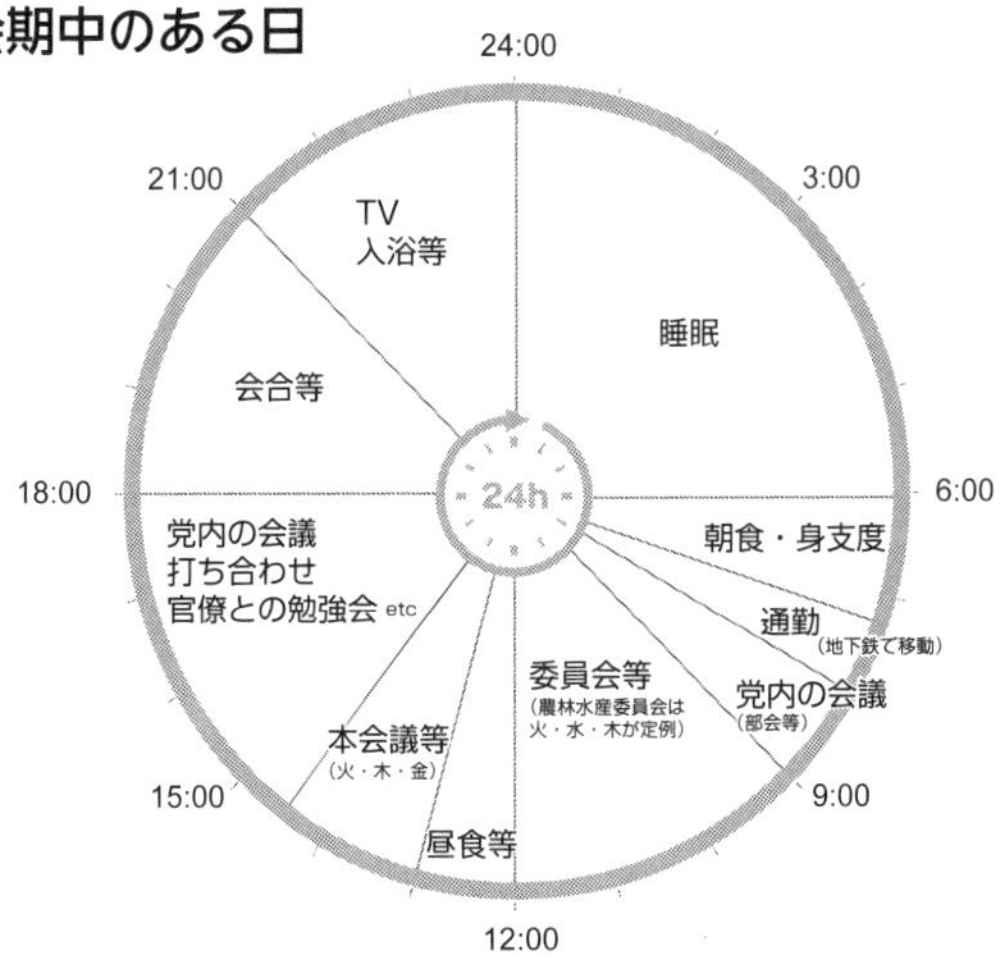

地元でのある日

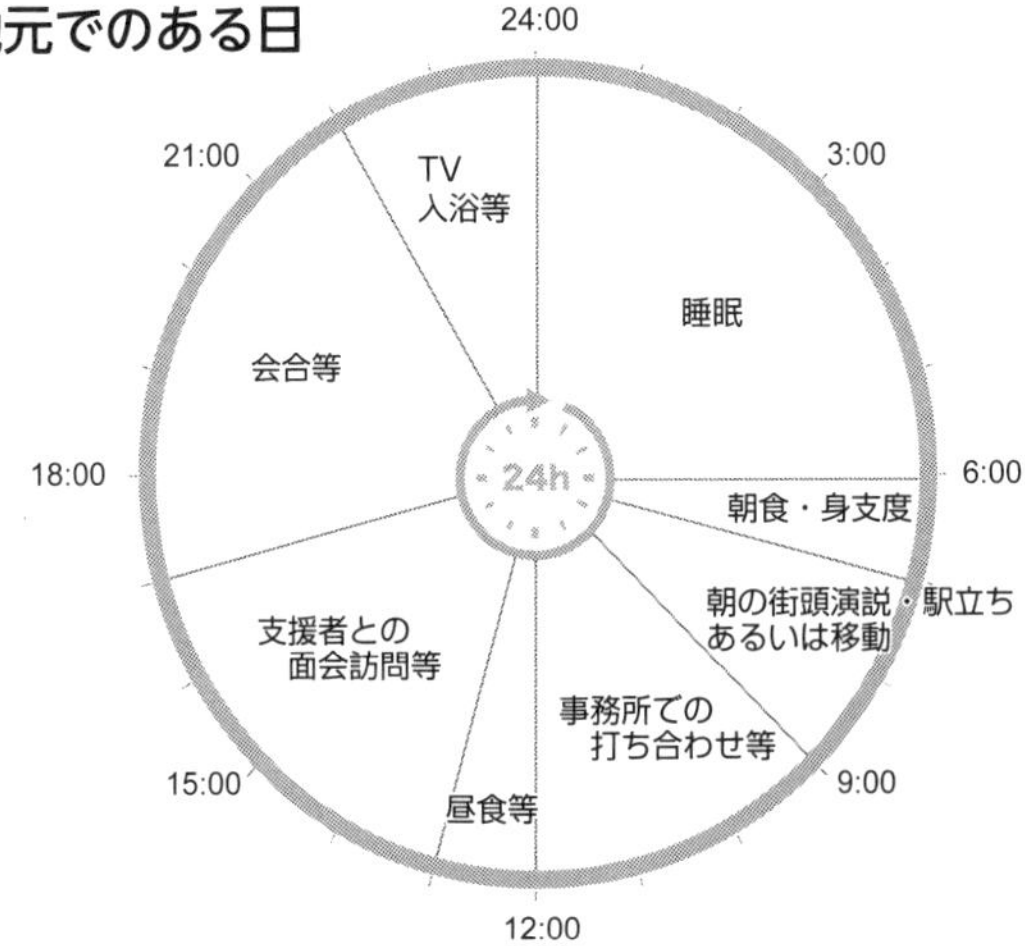

2 エリートや政策のベテランはごまんといるのに

・東日本大震災の特別法を担当

先ほど秘書歴20年と言いましたが、途中4年間だけ、日本鰹鮪漁業協同組合連合会（日かつ連。現在は日本かつお・まぐろ漁業協同組合）で働きました。

マグロは国際的な資源管理の対象なので、各国ともルールに従って操業をしていますが、その調整を水産庁、日かつ連、社団法人責任あるまぐろ漁業推進機構（ＯＰＲＴ）等が行っています。韓国や台湾、フィリピン、エクアドルなどの多くの国がＯＰＲＴに加入していて、日本といっしょに漁獲管理をしているわけですが、中国だけが参加してくれません。そこで、中国語が話せる私が交渉を担当することになりました。語学はどこで役に立つかわからないものです。

２０１１年、東日本大震災が起こりましたが、このとき私は漁業協同組合からもどって秘書をしていました。震災復興に関連する特別法の制定で永田町は多忙を極めます。東日本大震災と阪神・淡路大震災の最大の違いは、都市型か農村・漁村型かという点です。阪神・淡路大震災でつくられた特別法を参考にできるケースもあれば、そうでないものもあります。震災復興にあたっては1ヵ月以内に数十本の特別立法が必要になるのですが、結果的に言うと一次産業のところにぽっかり穴が開いていました。

特別立法にあたり農林水産分野では佐々木隆博衆議院議員が座長を務めていましたが、佐々木先生はご自身で農業・農村の特別法を担当しました。ところが、漁業・漁村を担当できる議員がいません。そこで「おまえ、やってくれ」と私に話がまわってきたのです。

・農林水産大臣指示として成立する

「いつまでに？」と訊くと、「明日の昼まで」と。「いま夕方ですよ」「わかってるよ」という具合です。「漁業協同組合の経験を活かしてくれ」という理由はわかりますが、どう考えても私には荷が重すぎる仕事です。

自分がつくったものを点検できるサブ的なプランが必要なので、すぐに全漁連（全国漁業協同組合連合会）に電話を入れました。

「明日の昼までに立案しなきゃならないんだ。あなたたちもプランを考えてくれ」と半ば強引に頼みます。誤解がないように「ただし法案の要望じゃない。案はあくまで私がつくる。私がつくる案に漏れがないように、チェックに使う」と伝えました。万が一漏れがあったら漁業者の方に迷惑がかかる。それは絶対にあってはならないと思ったのです。そして、「私も徹夜で必死につくる。あなた方も必死につくってくれ」と言って受話器を置きました。

次の日の午前中、漁業協同組合から届いたプランと自分の立案を照らし合わせて、「よし、大丈夫だ」と確信を得ることができました。急いで座長に見せて説明すると、すぐに法制局と調査室に提出されます。

翌朝、座長私案として役員会で検討され、8時15分にそれが「了」となって、その1時間後に部会でも「了」となりました。そして12時過ぎには、「農林水産大臣指示」となっていました。結果から言えば、特別立法とはせず予算措置として、四度の予算として具現化することになりましたが、漁村地域の復興策の原案となったわけです。

達成感があった半面、自分がかかわった施策が大災害の現場で使われるわけです。一生、責任を負わなければならない仕事です。施策の不備が原因で何かあってはいけない。そのプレッシャーは計り知れず、いまでも夢にうなされることがあります。

似たようなことは農政でもありました。農業者戸別所得補償制度については多くの議員が長年取り組んでおられましたが、現実的には、当落のない秘書時代の私がハンドキャリーでずっと持っていたものです。それが民主党政権で導入された制度の骨格となっています。

これらは秘書で経験した仕事ですが、政治家は国民の人生を背負う覚悟がなければやってはいけない。私はそう思っています。

・永田町で学歴は通用しない

誤解を恐れずに言えば、私はたまたま政治家の秘書になり、たまたま漁業協同組合でも働い

地元・北海道栗沢のトウモロコシ畑で

て、その経験から東日本大震災における対策の立案にたずさわったわけです。

永田町には東京大学法学部を出た優秀な人はそこら中にいるし、政策のベテランもごまんといるのに、正直「何で私が大災害の法律を?」と思いました。この「なんで俺が?」というのは、私の人生で何回思ったことでしょうか。

政治家の秘書は、向き不向きの部分が大きい仕事です。むしろ、向き不向きだけと言ってもいいでしょう。仕事ができれば置いてもらえるし、使えないと一瞬で切られます。実際に、「将来、政治家になりたいので勉強させてください」と言って秘書になった一部上場企業の御曹司が、3ヵ月でクビになるのを見たことがあります。

私設秘書は公設秘書以外の秘書のことで、国会議員が自費で雇用します。公設秘書は国費で雇える秘書で、公設第一、第二秘書、政策担当秘書の3人まで認められています。公設秘書は正式には衆議院に雇用されて、「この議員に就いてください」という体裁をとっていますが、特別職なのでクビということもあり得ます。

この世界では、10年、20年続けている秘書がザラにいると思えば、1年、2年でいなくなる秘書も少なくありません。厳しい仕事ですが、政治家を目指す方は経験しても損はないと思います。

意外に思うかもしれませんが、永田町は学歴社会ではありません。石を投げれば東大卒に当たる世界なので、逆に高学歴はさしたる長所にならないのです。東大を卒業していても、どこの大学を卒業していても使えなければ切られる。ダメなものはダメという実力社会です。

そういう世界で自分がやってこられたのは、なにも私に才覚があったからではありません。適切なポジションに身を置き、自分に何ができるかを経験を元に考えてきたからです。

どのような仕事でも同じだと思いますが、長く続けているとネットワークが広がるものです。私も秘書を長くやっていたので、永田町だけでなく霞が関にも独自のネットワークが広がりました。そうなると、本当に意味のある情報が入ってきます。時々ですが、与党と野党、官邸、霞が関が何を考えているのか、わかることがあります。何が是で何が非なのか。さらに、落としどころはここしかないというのが見えてくるときがあるのです。

当然、見えるだけではダメで、どうしたらそこにもって行くことができるか。秘書を務めるうえで、ここを考えるのが私の仕事のひとつになっていました。

3 戦争を知らない世代が政権を担う時代

・自分に嘘をつきたくない

２０１７年9月28日、衆議院が解散して10月10日に公示されました。このとき、民進党と希望の党のあいだにいろいろあって、結果的に私は立憲民主党の公認で北海道10区から出馬し、比例で初当選させていただきました。

私は北海道で活動していたので、この数日間に起こった民進党と希望の党の動きは報道で知るだけでした。妻から「大丈夫なの？」と電話をもらっても、「何もわからないんだよ。やることをやるだけだよ」と答えるしかありません。

民進党と希望の党の動きとは別に解散は明らかだったので、ずいぶん前から決起集会を9月30日に予定していました。つまり、この集会でどこから立候補するのかを明言しなければならないわけです。

民進党北海道連は、「みんなで希望の党に行こう」と決めていましたが、集会前夜、私は徹夜で考えて「自分は希望の党には行かない」と決めました。そして、いざとなったら無所属で出ると腹をくくりました。

やはり、希望の党の主張には相容れないものがありました。自分がこれまで主張してきたことと反対の内容がとても多いのです。希望の党が私を受け入れてくれるかどうかはともかく、「自分に嘘をついてまで、希望の党に行きたくない」と強く思いました。

「立憲民主党」という新党名を聞いたときは、「これはいい！」と思いました。「ちょっと長くないか？」と言う人もいましたが、枝野さんとは90年代半ばからのお付き合いなので、考えていることは大体わかります。自民党に対するアンチテーゼとしてわかりやすい党名だと思いました。

・転換点を迎えた現在の日本政治

安倍政権については、短期的に考えるよりも長期的視点に立って考えたほうがいいと思っています。というのは、現在の日本は転換点にあると考えるからです。

私は、戦後70年以上経って戦争や戦後の日本を知っている国民がどんどん減り、そういう状況のなかである種必然的に誕生したのが現在の安倍政権だと思っています。

もう少し詳しく説明すると、民主党に政権が変わったときに、日本の政治はひとつの転換点を迎えます。あの選挙のとき、戦争や戦後の日本を知っている自民党のベテラン政治家が数多く引退しました。引退したのは、自民党の良き伝統や良き歴史を背負ってきた政治家ですが、こういう戦後の憲政の常道を知っている国会議員がいなくなったあとにできた権力が安倍政権で、その象徴的な存在が安倍チルドレンだと思います。そこに連続性はなく断絶しています。

この転換点において自民党が何をやっているかというと、閣議決定での憲法解釈変更、統計不正など、戦後の政治家がいたときには起こり得なかった問題ばかりです。国会そのものが変わってしまったと言っても過言ではありません。

・根っこの変化で本当の政権交代が

安倍政権の個々の動きを批判していくことはもちろん大事ですが、それ以上に必要なことは、歴史の流れの修正です。どうしたら正常な民主主義にすることができるのか、とても重要な時代を私たちは迎えています。そういう意味で、できるだけ早めに安倍政権にはお引き取りいただかないと、これ以上流れを曲げられてしまったら、修正するのが大変です。

民主党に政権が代わった選挙であっても、自民党は後援会組織が強かったので、結果として多くの議員が残りました。根っこが強かったのです。現在でも80名ほどの安倍チルドレンがバッジを付けていますが、いわば追い風参考記録で当選しているという印象があります。根っこは強くありません。

とすると、遠くない将来、日本の政治は大きく変わるかもしれません。かつては根っこが強くて負け切らなかった自民党ですが、いまの弱い根っこでは、逆風が吹けばどうなるかわかりません。本当の意味での政権交代が起こり得る。そんな選挙を想像したりしています。

・いま選択するのは、成長社会か成熟社会か

中身の良し悪しは別にして、「アベノミクス」という言葉には、たしかに何か期待をもたせる響きがあります。票集めには有効なのでしょう。しかし経済成長を追い求める政治は、本当に日本の将来のためになるのでしょうか。

私はこれからの日本は、成長社会よりもヨーロッパ型の成熟社会に移行すべきだと思っています。

失われた30年は、国民のみなさんに多くの苦痛を強いてきました。しかし、あえて逆の言い方をすれば、これだけ成長がなくても30年近くやってくることができたわけです。その意味で日本は、ひとつの可能性を示したと思うのです。

失われた30年でもやってくることができたのなら、無理に経済を成長させようとせずに、これからは成熟社会を目指すべきではないでしょうか。成熟社会とは何かについてはそれぞれ考えは異なると思いますが、経済成長にともなう歪みの中で切り捨てられてきた人々に脚光を当て、社会の多様性を促進していくのが世界的な潮流です。成長社会を目指す政治は、むしろ時代の逆行です。

多くの国民が成長社会を望んでいるのは事実です。成長という言葉には夢があるし、高度経済成長期やバブルを経験した方々が票をにぎっているので、成長社会を謳ったほうが選挙を考えれば有利です。だから国民も政治も、いつまでも「成長社会離れ」ができないのでしょう。

しかし、成長社会を求めてこれ以上格差が広がるなら、成熟社会をつくる方法を本気で考えていくべきなのです。

4 国民の人生を背負う覚悟をもって

・同じ政党を支持し続ける必要はない

さまざまな政治家が自分の考えを国民に伝えます。僭越ですが、受けとった国民のみなさんには、自分の頭で考えていただきたいと思っています。ただ、これがいちばん難しい。

いろいろな考え方があっていいと思います。しかし、自分で考えるために新聞を読んでください。インターネットではなくて、新聞を読んでくださいと伝えたいです。

ところで、政党とはあくまでも政治組織です。それぞれ考え方やアプローチの違いはありますが、合目的的に人々が集まっているという組織の部分においては自民党も立憲民主党も同じです。

ですから私は、ひとりの国民が同じ政党をずっと支持する必要はないと思っています。社会や自分の考え方の変化で支持する政党が変わることは、むしろ自然で健全です。そのためにも、新聞を読んで、社会の変化や政党の動きを自分なりにつかんでおく必要があるというわけです。

特定の政党にこだわることと、熱心に政治参加するというのは別物です。

ただ、現実的には熱心な支持者のみなさんが後援会を支えてくださって、議員は活動できています。秘書を含めれば20年以上政治の世界に身を置かせてもらっていますが、熱心な支持者の方々は本当に立派だと思います。

社会のため、地域のため、次世代のために行動し続けている人たちが日本列島にたくさんいる。そういう方に出会うたび、「この国はまだまだ捨てたものじゃないな」と思っています。

・政治家は人の生き死にを左右する権力をもつ

当たり前のことですが、日本は法治国家であり法律に従って動いており、その法律は国会議員が決めています。

たとえば、「何でこんなに非正規雇用が増えたんだろう？」と疑問に思ったとします。答えは簡単です。非正規雇用をやってもいいという法律を国会議員がつくったからです。

衆議院議員は約４６０名、参議院議員は約２４０名います。このなかの何百人かが、「それは死刑」と決めて法律を改正すれば死刑になってしまうわけで、これがこの国のルールです。「議員バッジを付けているやつらは、人の生き死にを左右する権力をもっている」と考えれば、誰しも政治に無関心でいられなくなるのではないでしょうか。

世の中の事象には必ず「原因」と「結果」があって、その原因には法律が関係しています。一例を挙げれば、日本の法律では同性結婚は認められていないので（原因）、同性同士では結婚できません（結果）。法律で認められているカナダやオランダ、アメリカのいくつかの市や州では、同性同士でも結婚できます。

私たちが生活していて、「良い」と感じることも「何で？」と感じることも、その原因の多くに法律が関係しています。ここに意識が向くと、法律をつくる人間を選ぶ自分の一票の大切さを感じることができるはずです。

政治家になろうと考えている方に

いまの日本では年齢や社会的立場にかかわらず、「政治家になろうと思っているんだけど」などと言えば、「変わってるね」と返されてしまいます。

そんな奇特な方にアドバイスするとすれば、政治家になるのだったら損得勘定はしないほうがいいということです。「昨日は夜遅くまで働いたから、日給計算すると今日は5時間以上働くとマイナスになる」などと考えてできる仕事ではありません。肉体的にも、どれだけ人のために汗をかけるかが当たり前の毎日です。

心構えとしては、大きな責任がともなう仕事だという自覚や覚悟が必要です。あるひとつの仕事が、一生背負うものになることもめずらしくありません。この覚悟がないと政治家になってはいけない。私はそう思っています。

東日本大震災のとき、私は特別法の立案に携わりました。あのときは秘書としてかかわったわけですが、地域のみなさんや漁師の方々の役に立っただろうかと、いまでも考えることがあります。足かせにならなかっただろうかと、いまでも考えます。夢にも出てきます。怖くて怖くてしょうがなくなることもあります。

自分がかかわった法律で、ひょっとしたら自殺する方がいるかもしれない。あるいは亡くなる方がいるかもしれない。あるいは路頭に迷う家族が出るかもしれない。

かけ出しの私が言うのは生意気かもしれませんが、国民の人生を背負う覚悟がない方は、選挙に出てはいけない。これが私の考えです。

求募
条件等一切規定の通り
やる気のある方、
人の為にがんばれる方

熱量をもって
政治に取り組むための「肌感覚」

松田 功

松田　功

（まつだ・いさお）

大物議員の秘書から地方議員を経て国会にやってきた松田功議員。社会人経験のほぼすべてを政治の世界で過ごしてきた松田議員だが、政治家然とした雰囲気とは縁遠い。のっけから「実は本気で芸能人を目指していたんですよ」と語り出し、インタビューは大いに盛り上がった。とはいえ話を聴くうち、彼がエンターテナーを目指していたことと政治家を務めている現在の姿に一本の道筋が引かれ、圧倒的な人間力に触れて深く納得することができた。松田議員は人と人をつなぎ、現実を変えるために自らが動くことで、周囲の人に幸せをもたらす存在なのだ。

地道な現場経験を重ね、肌感覚で政治課題をとらえる人情派。この人になら、本当に困っていることを素直に相談できる――そう思わせる議員は、永田町にそうそういるものではない。

プロフィール　1968年生まれ、愛知県出身。同県名古屋市に育つ。愛知大学法経学部第二経済学科卒業。マツダタイプライター勤務の後、衆議院議員赤松広隆秘書を経て政治家に。愛知県西春町議会議員（1期）、同県北名古屋市議会議員（3期）、同市議会副議長を務める。2017年10月の衆議院議員総選挙に比例東海ブロックから立憲民主党の単独6位候補者として立候補し、初当選。

1　タレントの夢を追いながら政治家秘書に

・町議会議員で政治家の道に

私は1993年に衆議院議員の赤松広隆先生の秘書になりました。秘書になってしばらくしてから、民主党（1996年結党の旧民主党）の立ち上げが始動し、当時、私の地元の愛知県でも赤松先生や佐藤泰介先生らにより結党に向けた議論が行われました。私はその席でお茶汲みをしていたのですが、その場に居合わせて新しい政党が立ち上がる熱気を感じた経験は、私の政治の原体験ともいえます。

その後、赤松先生の選挙区変更に伴い私も新しい選挙区の担当となったのですが、新たに選挙区になった当時の愛知県西春日井郡には、民主党からは師勝町と西春町にそれぞれ1人ずつの町議会議員がおられました。そのうち西春町の議員の杉山弘男先生から「次の選挙に誰かいい人いない？」と赤松先生に相談があり、私と後輩の秘書に声が掛かりました。選挙に出るにあたっては西春町に移住する必要があったのですが、独身で身軽な方がいいだろうということで、私が出馬することになりました。

当時私は名古屋市昭和区に住んでいたのですが、西春町の赤松事務所の2階に居候するかた

ちで移り住み、２００３年の町議会議員選挙に準備期間２ヶ月で臨みました。選挙では赤松先生が「松田をよろしく頼みます、最下位でも結構ですから」と冗談めかして街宣していたのですが、当時、民主党には勢いがあったのでしょう、初めての選挙でトップ当選を果たすことができました。

実は新しい選挙区での選挙は赤松先生より私が先で、その意味でも、良い先陣を切ることができた、達成感の大きな選挙となりました。

●本気でタレントを目指す

そもそも赤松先生の秘書になったのは、小さな印刷会社を営んでいる私の父が、赤松先生に懇意にしていただいており、「息子さん、秘書にどう？」と声を掛けられたことがきっかけです。

実は私は、子どもの頃から芸能人を目指していました。アナウンサーやレポーターといった喋りのプロや、もっと言えば歌手を夢見ていました。今でもいつかは紅白歌合戦の舞台に立ちたいと思っていますが、当時の私はかなり本気で夢を追いかけていたのです。

大学は夜間で、これは実家の経済的事情で昼間に家業の手伝いをするためで、大学を卒業後は、同じく昼間は働きながら、夜は名古屋のテレビタレントセンターという養成所に通っていました。

その頃に父が赤松先生から声を掛けられたわけですが、私としては、若さゆえに妙な自信があったのでしょう、「最終的にはタレントになるけど、1、2年寄り道をしてもいいかな」「政治の世界で経験を積むのも悪くないな」と思い、養成所と両立するかたちで秘書の仕事をスタートさせました。

養成所を卒業するタイミングで、地元放送局の新番組でパーソナリティのオーディションの話があり、養成所系列のマネージメント事務所と養成所から「受けるか？」と誘われました。もしここでタレントの道に進むことになれば、秘書稼業は辞めなければならない……なぜか私はここでオーディションを辞退し、秘書一本で行くことを選択しました。

今でも「あの時オーディションを受けていたらどうなっていただろうなぁ」と考えることがあり、「あれが人生の岐路だったかもなぁ」と思ったりしますね。

・政治的行動・政治的感覚の原点

本気でタレントを目指していた私がなぜあそこで秘書の道を選んだのか、自分でも不思議に思うのですが、「政治的な行動」ということでは思い当たるフシがあるのです。

私が通っていた高校は管理教育で有名なところで、時代背景もあったのでしょう、非常に校則の厳しい学校でした。当然アルバイトは禁止だったのですが、私は唯一、学校に許可を取って〝公認〟のかたちでアルバイトをしていました。

それは大学の受験費用と入学金を稼ぐという必要性もあったのですが、隠れてこそこそとやるのではなく堂々とやろうと決め、先生に「なぜ受験費用を稼いではいけないんですか」と掛け合い、いくらバイト代をもらったかをきちんと学校に報告するという条件付きで例外的に認めてもらっていたのです。

後にも先にも、そんな生徒は私だけだったようですが、この行動をいま振り返ってみると、政治的な志向性を感じるのも確かです。

面白いことに、そういった要求を担任の先生に相談すると、担任は「生活指導の先生に相談してみて」と言い、生活指導の先生は「学年主任の先生に相談してみて」とたらい回しにするのです。今でも省庁の担当者に課題を持ちかけると「それは担当部局に……」とたらい回しにされることが多く、「おなじだなぁ」と感じています。

それから、実家が自営業で親が資金繰りに奔走していたのを目の当たりにしていたのも、政治的感覚をもつようになった理由のような気がします。秘書時代から、陳情に来る人の困っている気持ちが本能的に肌感覚でわかるのは、そういった経験が大きいと思っています。

・自分の資質は時代遅れかも

本能的に肌感覚で困っている人の気持ちが分かることは政治家としての資質なのかもしれませんが、最近、どうも自分は時代に合っていないのかなぁと悩むこともあります。

私は前述のように夜間大学に通いましたが、働いて学費を稼ぎながらの学生生活でしたので、それなりに苦労もありました。なので今でも、そういった境遇の子どもたちを見ると応援したくなるし、なんとかしたいと思うのですが、そういう人は社会全体で言えば少数派になっていますし、そもそもそういった社会階層の子たちが苦労してまで大学に行こうとしない現実があったりします。

そういった子たちに教育の機会を与えるのは政治の仕事ですが、政治家がスマートになって、政治の世界がハイソサエティになっているように感じられ、「自分のようなタイプは政治の世界に合ってないのではないか」と感じることもあります。

私は秘書を10年、地方議員を15年近く経験して国会にやってきたので、キャリアとしては非常に遠回りです。なのですんなりと政治家になった人に対しある種のやっかみがあるのも否定できないのですが、議論をしていてかみ合わないことが多々あり、そこで使われる言葉はみんな共通に理解していても、肌感覚でズレを感じるのです。

自分としては現場で経験を積んだ人がもっと国会に増えればいいなとは思うのですが、スマートな人が多い今の政界に居心地の悪さを感じてしまうこともあります。

2 地方議員の果たすべき役割

・各党の議員から政治を学ぶ

私が町議会議員を務めた西春町は、議会は町長を応援する派としない派とに分かれていたのですが、それは会派ではなく昔の集落をベースにした字《あざ》グループでまとまっていました。ですから、そこには保守系の議員や他党の議員もいらっしゃって、私は町長を応援する側にいたのですが、各党の議員と協力し合って議会を進めていく必要がありました。

これはある種の特殊事情と呼べるのですが、そこで各党の先生から政治を教わったこと、立場の違いを超えて調整しながらまとまっていった経験は、私にとって今でも役に立っている、政治家としての大きな財産です。

松田 功議員の1日

国会会期中のある日

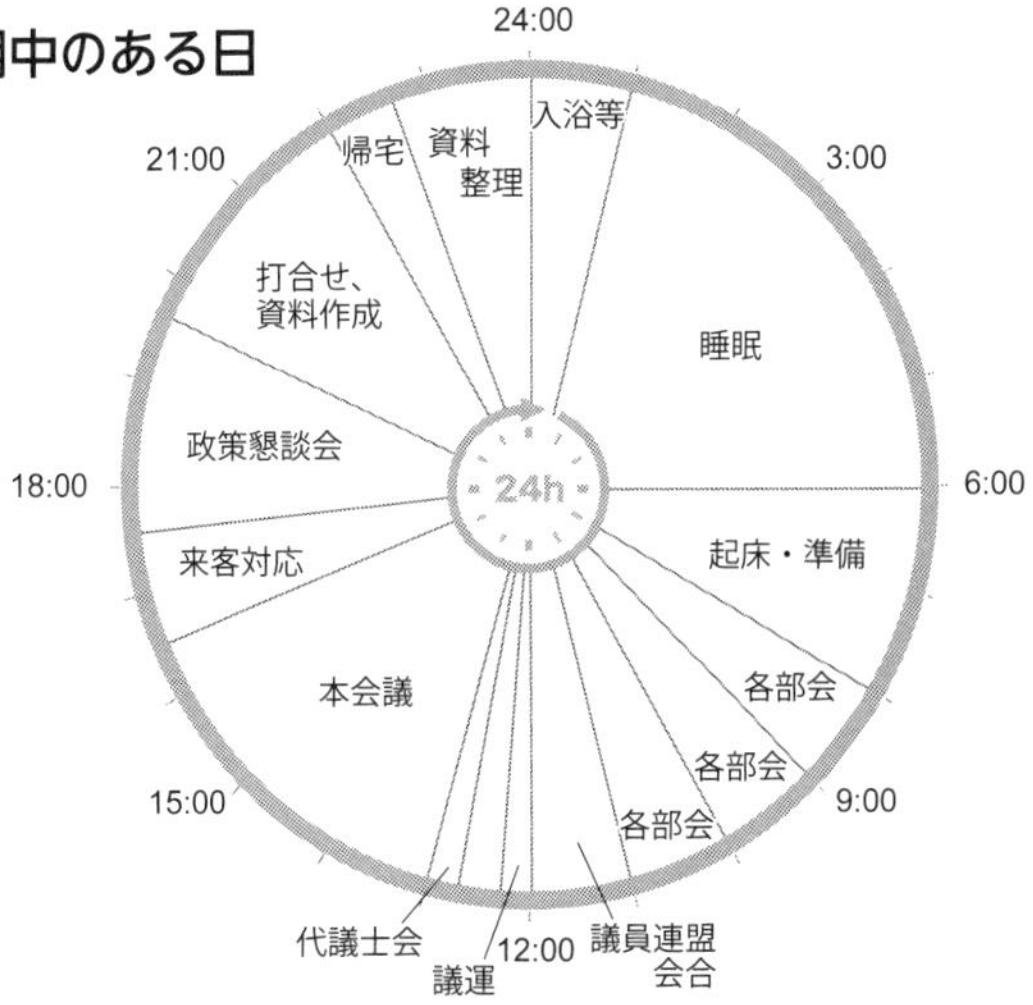

地元でのある日

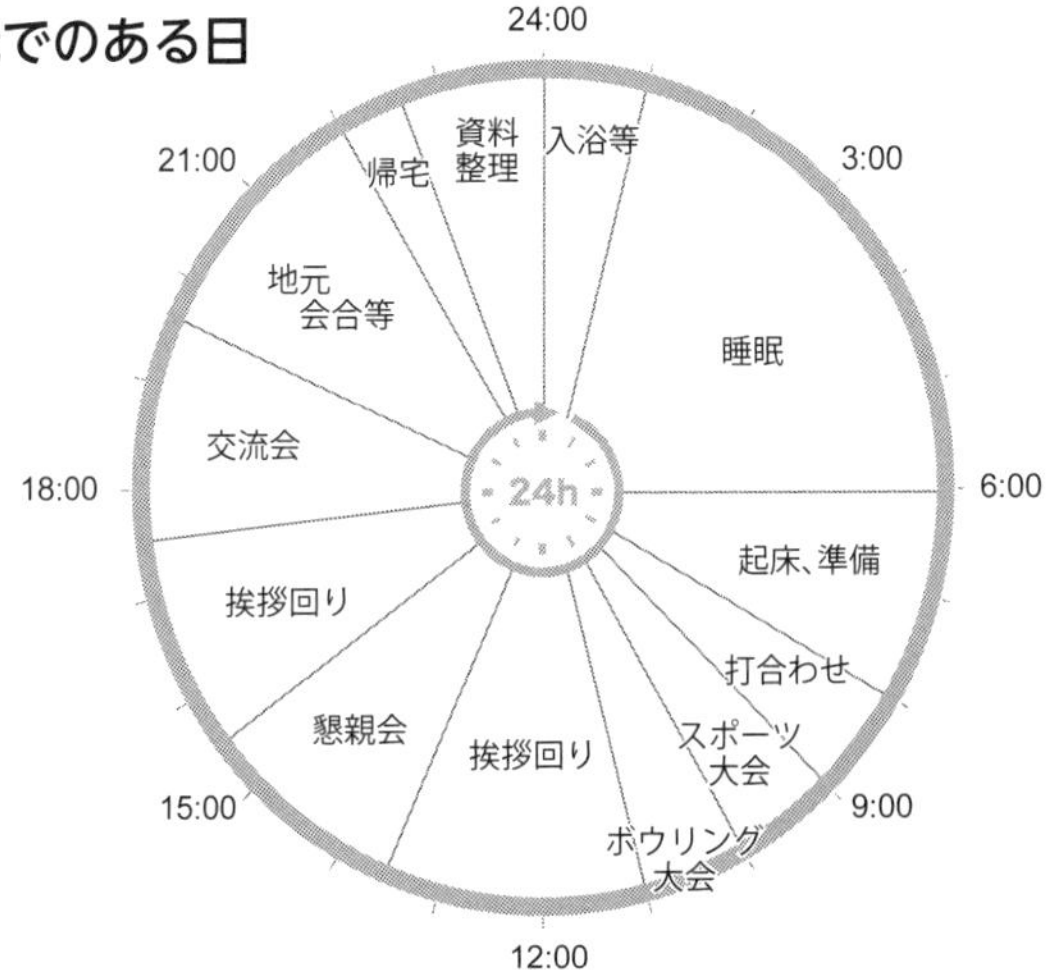

その後「平成の大合併」で西春日井郡の西春町と師勝町は北名古屋市となり、私も北名古屋市の市議会議員選挙に出て市議会議員となるのですが、そこでも各党の先生と協力しながら政治を進めていくスタンスは変わりませんでした。

市議では3回の選挙を経験し、最終的には副議長を務めさせていただきました。

・調整役に徹する

合併して誕生した市の議員を経験したわけですが、やはり合併に伴う困難がいくつもあり、それを乗り越えていくなかで、私は地方議員としてのあり方を確立していったように思います。

まず、議員よりも役所の職員の戸惑いが大きかったように映りました。やはりそれぞれのプライドがあるのでしょう、旧西春町と旧師勝町の議員に対しての対応が異なることもありました。そんな時、「それは違うんじゃない、住民のためにならないんじゃない？」と説得して調整するのが議員の役目で、ここでも党派を超えて協力しながら課題にあたっていきました。

先ほど西春町の議会は字グループでまとまっていると述べましたが、師勝町は会派でまとまっていました。議会が会派でまとまっていると、職員のみなさんはどうしても多数派の議員の方を向いて仕事をするようになるのですが、政策課題が住民の暮らしに直結している地方議会では、小さな声を救い上げる少数派の議員も有用です。

北名古屋市では保守系が多数派で私は少数派に属していましたが、自分たちの要求を通すのに、私たち少数派が多数派と対立構造をつくってしまっては、数少ない要求する機会さえ失ってしまうことになります。ですからここでも党派を越えた協力を行い、「お互い様」の精神で調整に徹する必要がありました。

いろいろ乗り越える壁もあるのですが、当選回数を重ねると議員も職員から信頼されるようになり、格段に仕事がしやすくなってきます。信頼関係ができると、会派はあまり関係なく職員も対応してくれるようになります。

このように、与党と野党が対立する国会議員のイメージとは異なり、調整をはかってお互いが譲り合い、その中で行政職員と信頼関係を築いていくのが地方議員の役割なのです。

・地方から見た政権交代、そして下野

2009年の総選挙で民主党は政権交代を果たし、その3年後に政権を失うことになります。私はこの間、民主党の地方議員として政治の激動を感じていました。

私が仕えていた赤松先生は政権交代で農水大臣に就任されましたが、それは私にとっても純粋に大きな喜びでした。秘書経験のある地方議員としての私の役割は、少しでも多くの民主党地方議員を増やすことでした。赤松先生が中央で重責を担ったわけですし、「地元のことは任せてください」と言えるように、仲間を増やして基盤を固めていくことが私の仕事です。そうすることによって地方議員の価値も上がると考え、陳情など精力的に行っていました。

政権を取った後は、市議会議員の私も、「与党になるってこういうことなんだ」と実感することがしばしばありました。

たとえば、赤松先生から「この件について予算がついたよ」と連絡があり、それを市の担当者に伝えると、「本当ですか！　ありがとうございます！」とものすごい喜びようで、今まで見たこともない対応に変わったりするのです。

この時実感したのは、役所にとっては、自民党とかではなく、どこであろうと与党が重要なのであり、議員ではなく予算が重要なんだ、ということです。とにかく役所は与党から予算をもらうことが第一で、議員はそのための存在であるということです。加えて、なるべくならば、政権与党は安定していてほしいと感じているのです。

中央の民主党議員にしても、陳情が格段に増えたのが与党時代でした。私は陳情に赴く側でしたが、河川改修のこと、公共施設の耐震補強のことなど、地方の課題はいつも具体的です。そういった陳情を通じて国会議員は地方の実情を、単なる知識だけでなく肌感覚で感じられるようになるのです。

そう考えると、今の野党経験しかない議員は陳情に触れる機会も与党にくらべれば少なく、地方の実情を感じ取れるチャンスを失っているように思えます。とはいえ野党議員のほうが質問機会は多いわけで、国会議員と地方議員がより連携を緊密にすれば、地方の実情を国会で訴えることも可能です。

与党と野党を地方議員として経験することで、私は、地方と国会の渡し役とはどうあるべきなのか、深く考える機会を得たように思います。

3　地方から見た民進党分裂と立憲民主党結党

・政治判断

2017年9月、衆院選を目前に民進党の前原誠司代表は、公認候補を立てずに希望の党との合流を決めます。その後、小池百合子さんの排除発言などを経て、10月3日に立憲民主党が結党されました。

民進党の市議会議員だった私は、「地方議員の立場はどうなるの？」「自分が結党から携わったこの党は、こんなかたちでなくなるの？」という不安と疑問を感じました。

地方を含めたかたちでなく、国政の情勢判断により地方の自分たちが置いてけぼりにされる事態に直面し、「上に立つ人間は下まで見なければダメなのでは」と思いました。とくに私は、民主党の結党から関わってきたのでそのような思いが強くありました。

厳しい状況でも民進党で戦うべきではなかったのか。地方の民進党議員として複雑な思いを抱いたのです。

・赤松先生から「出るか？」と訊かれて

いっぽうで立憲民主党が立ち上がり、希望の党への合流を良しとしない議員が集結する動きが生まれました。私自身はその時点で地方議員を続けることしか考えていなかったのですが、立憲民主党結党メンバーの赤松先生から２０１７年10月５日の夜に電話がかかってきて、「立憲民主党から衆院選に比例単独で出るか？」と訊かれました。

「私が出ることにほかの議員のみなさんは納得されていますか？」と質問すると、「大丈夫だ」とおっしゃるので、「出馬させていただきます」と即答しました。即答はしましたが、この瞬間にいろいろなことを逡巡したのも事実です。

私は赤松先生の後継者ではありませんが、地元議員として大将の手助けをするのは当然です。また、比例代表制で出馬するということはどういうことか。落選したらどうなるか。当選確率はゼロではないけれど、かなり厳しい戦いになるということも考えました。秘書時代を含めれば20年以上政治の世界にいるので、ストーリーはだいたいわかります。様々なリスクも踏まえて「はい」と答えたわけですが、正直、一種の賭けでした。

10月10日が公示日だったので、あわてて次の日に書類を整え、北名古屋市から国会に来て手続きをしました。これが金曜日だったので本当にギリギリでした。

統一地方選挙・応援街宣にて

そして国会から北名古屋市議会に電話をかけて、「このたび出馬することになりました」と報告しました。土日を挟んで月曜日は体育の日で祝日だったので、火曜日の公示日に失職状態になりました。

・民主党結党を思い出して

結果的に私は、立憲民主党の公認で比例東海ブロックから比例単独で立候補し、初当選することができました。

私が市議会議員を務めていた北名古屋市は愛知県の北西部に位置しますが、人口9万人に満たない平成の大合併で生まれた北名古屋市から国会議員が出たのは、初めてでありました。選挙期間中、「ダメだったらどうしよう」と考えてもいました。落選後を見越して「三食付きの仕事が見つかるといいなぁ」とも考えました。

それでも出馬したのは、立憲民主党が生まれたプロセスが、自分が目の当たりにした民主党結党と似ており、民主党の結党当時を思い出して血が騒いだからです。そして立憲民主党の方向性が、民主党と民進党の理念を継承していくものだということも決め手でした。だからこそ「役に立てるなら」と思ったし、人生を賭けるに値する勝負だと覚悟を決めました。

もちろん、冷静に判断した部分もありました。町議会と市議会を10年間以上務めさせていただいて、自分なりに地元を知っているつもりです。地元に恩返ししたいという思いもありました。

一方で、この衆院選で民進党の仲間が希望の党と立憲民主党に分裂しました。仲間がバラバラになるのはとても寂しいものです。まして、この先ずっとギクシャクした関係が続くのですから。

・立憲民主党のスタンス

民主党から民進党、そして立憲民主党に一貫しているものは、弱い立場の方々や働く者の立場に立った政党であることだと私は思っています。

これを立憲民主党では「草の根民主主義」と表現していますが、中小零細企業に寄り添う政党と考えてもらうとイメージしやすいと思います。これに対して、自民党は大企業に寄り添う政党となるでしょう。大企業の論理で政策を打ち出す自民党に対して、90年代に中小零細企業に寄り添う民主党が誕生し、2大政党になったわけです。

ところが現在、多くの政党が大企業にすり寄っています。経営者側の論理で政策をつくる政党が増えてしまったわけです。この流れのなかで、立憲民主党は逆風を受けながら政権交代を目指しています。

多くの政党が大企業にすり寄る理由として、国民の生活の変化が影響している部分もあると思います。たとえば、昼間は会社で働くサラリーマンが、帰宅後はネットで株をやっている。働く現場よりも株価が気になる。実体経済よりも金融経済に関心が向いているのです。このような国民の変化に対して自民党は、「株価を上げる」とアドバルーンを上げ、ほかの政党も賛同しているという構図です。

大企業にすり寄る流れのなかで、犠牲になる人たちもたくさん出てきます。そこの矛盾が露呈しているのが現代の日本社会であり、立憲民主党が向き合うべき現実です。

この構造を変えるには時間を要します。早く政権交代をしなければなりませんが、ていねいに土を耕して種を蒔き、その種を育てなければなりません。立憲民主党は歴史や経験を生かし、ていねいに取り組んでいかなければなりません。

4　良い国会議員になりたければ、まず地方議員に

・トリクルダウンはまやかし

自民党が自民党政治を行うのは当たり前ですが、それにしても安倍政権はお友達政治をやりすぎです。傍から見ていても、自民党政治の悪い部分を一生懸命やっているように感じます。

たとえばアベノミクスですが、大企業のための政策で経済を活性化させれば国民全体が潤うという「トリクルダウン」はまやかしだと、国民はみんな気づいています。だから安倍政権をアテにしないで自分を守るために貯金に励み、老後になってもまだ貯金している。結果として、経済が循環しなくなって格差がどんどん広がっています。

私はモノ創りを社会の基本にしなければならないと考えています。モノ創りを手放したら技術製品もキャッシュフローも生まれないし、人間関係も枯れてしまいます。国家がモノ創りを放棄した結果が、現在の農業に象徴されています。衰退ばかりで復活の気配はどこにもありません。

●なぜ安倍政権は長期化したか？

地元のある経営者の言葉が忘れられません。「安倍政権はどうでもいい。ひとりの首相が長く続く政府を我々は望んでいる」と言うのです。

長く続けば、それに対して経営のやりようがある。だけどコロコロ政策が変わると、その都度振り回されてしまう。安倍政権が良いとは言わないが、長く続いた分、手を打つことはできる。ようするに、「安定を望んでいるだけだ」ということの意見は、市民の本音ではないでしょうか。

短命で終わった第一次安倍政権で安倍晋三首相が学習したのは、「長く続ける」ことの重要性です。つまり、支持率を上げることで政権を長期化するのではなく、長期化することが支持率を上げるという発想です。

あとは熱量です。安倍政権の権力に対する熱量の高さは、特筆すべきものがあります。不支持率が高くても長期化したのは、「これだけのパワーがあるなら託せるんじゃないか」と国民に思わせる熱量があったからでしょう。熱量とは「国民の不安を払拭するパワー」です。安倍政権が放つ熱量が、政策や成果への冷静な評価を上回っているのです。

立憲民主党結党時の枝野代表の演説は、方向性は違えどものすごい熱量を感じさせました。だから国民のみなさんは、「立憲民主党に託してみよう」と一票を投じてくれたのだと思います。

・熱量とブレない一貫性

どうしたら立憲民主党は、もう一段ステップアップできるのか。政権交代可能な選択肢であると国民に認められるようになるのか。これを私は常に考えています。

やはりポイントは熱量です。議員一人ひとりがどれだけの熱量をもって政治家になったのか。その熱量を継続できるか。当たり前の話ですが、ここは重要です。

また、首尾一貫してわかりやすい政策を主張し続けていられるか。これも大切です。

そこで私は、「立憲」をもっとわかりやすく伝えることに注力していくのが大切なのではないかと考えています。実際、「憲法は権力を縛るものだ」と民主党時代にも、立憲主義を主張してきたわけですから。

熱量をもって、ブレずにわかりやすい政策を追求し続けられるかどうか。ここが今後立憲民主党が飛躍するためのカギであるように思います。

・政治家でなくても社会貢献はできる

もし「政治家になりたいんだけど」と相談を受けたら、「複雑な仕事だよ」と答えます。逆説的に「やめたほうがいいんじゃないの」と言ってしまうほど、この仕事は大変です。

それでもなりたいという人には、こう伝えたいですね。良い国会議員になりたいのなら、まずは地方議員を経験したほうがいいよ、と。

私は国会議員の立候補資格に「地方議員の経験者」を入れたほうがいいと本気で思っているほど、地方議員の経験は大切だと思っています。最初から国会議員になると、肌感覚として地方の実状を理解できません。国会議員と県会議員、県会議員と市会議員のあいだには目には見えない距離があって、仲が良いようで必ずしもそうではなく、選挙のためだけにつながっている。そんな独特の世界があるのです。

先ほど熱量という言葉を使いましたが、私の場合、熱量の源泉はやはり現場にあります。現場のことを本能レベルで理解できるようになるために、地方議員ほど政治が生活に直結し、身近であることを経験できる場所はありません。

もしあなたが良い国会議員を目指すのであれば、遠回りに見えるようでも、ぜひ地方議員を経験してから国政を目指すことをおすすめします。

さらに言えば、政治家にならなくても社会貢献はいくらでもできます。そこを理解して政治家になって欲しい。「政治家になったからこれができる」という考え方ではなく、「政治家でなくてもできる」という認識をもった政治家になって欲しいと思います。

最後に、ボブ・ゲルドフというアイルランド出身のロックミュージシャンの話をさせてください。

1980年代、アフリカ飢餓救済基金のために、彼は仲間のミュージシャンに呼びかけ、チャリティー・シングルの走りであるバンドエイドを開催します。バンドエイドを大成功させた彼は「基金の使われ方を見にアフリカには行かないのですか？」と訊かれ、「行きたくない」と答えます。「政治家みたいなことはしたくない」と。飢える子どもを抱いて写真を撮るようなことはしたくないということなのでしょう。

このセリフが私の心に突き刺さりました。政治家でなくても政治的なことはできるし、社会貢献もできるのです。彼はあくまでミュージシャンとして、ミュージシャンのできることをやったのです。

ボブ・ゲルドフの言葉を大切にして、私は政治家として、政治家にしかできない活動をしていきたいと考えています。

そして、政治家になりたいと考えているあなたには、熱い心をもって政治家になってもらいたいと思っています。

松田 功議員から政治家を目指す人への直筆メッセージ

情熱と信念

どんなことでも当事者になれるし、それは政治につながっている

岡本あき子

岡本あき子

（おかもと・あきこ）

穏やかな空気をまとって現れた岡本あき子議員は、終始やわらかな語り口で、時にははじける笑顔とともに政治家の仕事を語ってくれた。この世界で自然体でいるためには、よほど芯がしっかりしていなくてはならない。事実、岡本議員の人生は、常に「当事者」としての選択を積み重ねてきたものだ。男女雇用機会均等法第一世代の女性総合職として、待機児童問題に直面した親として、東日本大震災被災地の市議会議員として、彼女はいつも自分から一歩を踏み出し、結果として国政の場にやってきた。

岡本議員の歩んできた道のりは彼女だけの経験だ。しかし、自然体で時に勇気をもって重ねてきた決断の数々とそこに至るまでの考え方は、多くの人の参考になるに違いない。

プロフィール　1964年生まれ、宮城県岩沼市出身。札幌、青森、秋田などで過ごし、宮城県第二女子高等学校から東北大学教育学部に進学。同大学卒業後、ＮＴＴ㈱に就職。1999年の仙台市議会議員選挙（太白区選挙区）に民主党公認で立候補し初当選。以後、計５回連続当選。2017年７月、民進党県連幹事長に就任。衆院選には公認候補として出馬する予定だったが、希望の党合流に際し、立憲民主党から立候補する意向を表明。同年10月の衆院選で比例復活により初当選。

1　無名をカバーするために1日100件以上のあいさつ回り

・待機児童の問題をきっかけに

私は、待機児童の問題をきっかけに、地元仙台の市議会議員になろうと考えました。数年前、「保育園落ちた　日本死ね！」というインターネットの書き込みが話題になりましたが、かつて私も同じような経験をしていたのです。

大学を卒業後、１９８７年にＮＴＴ㈱に就職しました。子どもが生まれたときに育児休職を取得しましたが、復職しようと思って保育所を探したらどこにも空きがありません。

このときはじめて、仙台市の税金の使い方を知ります。当時の仙台市は、高齢者の福祉には力を入れていましたが、子どものことは二の次でした。認可保育所が完全に不足していて、多くが待機児童にならざるを得ませんでした。過去10年間を調べてみると、昔から認可保育所の整備が遅れていました。

そんなとき、たまたま国会議員と話をする機会があったので、「あまりにも仙台市は子どもに冷たい」と不満をぶつけると、「改善したいならあなた（当事者）が声を出さないと。以前から保育所が不足していたということは、みんなが『いつか誰かが声をあげるだろう』と思って、行

動に移さなかったということ。これじゃいつまで経っても変わらないよ」と教えてくれました。

「じゃあ、私が声をあげよう」と思ったのが、いまから20年ほど前のことでした。

・アバウトな知識で立候補

その頃夫は海外に単身赴任していたので、メールで「市議会議員選挙に出ようと思うんだけど」と相談すると、「そもそも市議会議員の仕事って何やるの？　どのくらい忙しいの？」と返ってきました。

そう言われると、たしかに職務はある程度解っても、忙しさは何も知りません。先輩に訊いてみると、「1ヵ月ぐらい続く議会が年に4回あって、選挙は4年に1度」とのこと。「それ以外は自由に活動できるんだ、それな

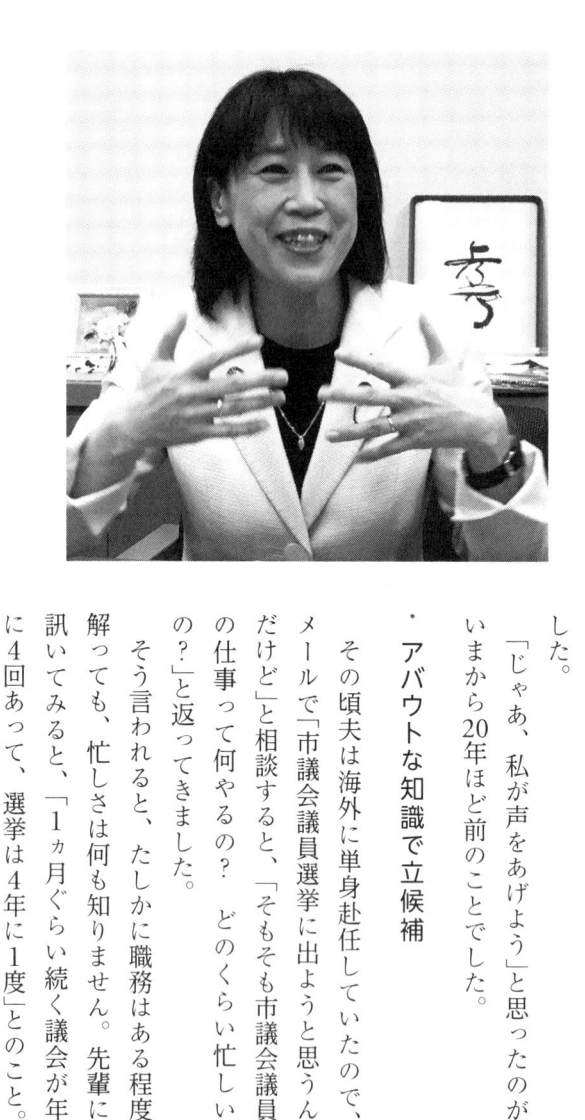

らできるかな」というかなりアバウトな知識で立候補してしまいました。

実際になってみると、議会のほかに勉強会、ヒアリングや調査、地元の方々とお会いするという本来の仕事があり、議員の仕事は予定を入れようと思えばいくらでも入ってくるということがわかりました。自由になる時間はまったくと言っていいほどありません。

いろいろな選挙の応援や手伝いもほぼ毎年あって、仕事に切れ目がありません。選挙というのは、候補者よりもスタッフのほうが大変です。

議員の仕事は、最初に考えていたイメージとは真逆でした。

・ふたりの子どもを連れてあいさつ回り

１９８６年に男女雇用機会均等法が施行されて、私は適用された最初の世代になります。ＮＴＴ㈱に総合職で入社した私は、営業や企画、人事などを経験します。

会社の東北エリアでは均等法以前には女性の総合職配属はほとんどなく、先輩の女性は専門職で入社したら長くその仕事をされていたので、「法律によってひとつの会社のルールがこんなにも変わるんだ」と思いました。

会社は女性社員に理解のあるほうで、時代とともにいろいろな制度が新設され、私もキャリアを重ねていきました。そんななかで育休を取得し、復帰のタイミングで保育所不足に直面したのです。

待機児童の問題をきっかけに立候補した私ですが、まったくの無名です。まだ会社員だったので平日は仕事をして、土曜と日曜を使って車で集中的にあいさつ回りをしました。紹介してもらったところなどを可能なかぎり、1日に100件以上回ります。

家に上げてくれる方もいれば、目の前で名刺を破られたり、門前払いを受けたりすることもありました。当時もいまも、とにかく直接お話をすることが大事だと考えています。見ず知らずの方と話をして関係を築いていくことが、政治家の基本。名刺を破られたぐらいで落ち込んでいる場合じゃない。この気持ちは何回当選しても変わりません。

運転はボランティアの方が引き受けてくれましたが、子どもが2人ともまだ小さかったので、一緒に車に乗せて回りました。私があいさつで車から離れているあいだは、ボランティアの方に面倒をみてもらいました。

いま振りかえると「よく乗り切ったな」と思います。ボランティアの方々の支えがあったからこそです。

・仙台市民の声を国政に届けよう

さすがに街頭演説は勇気を必要としました。朝の駅前で、通勤される方々に自分の考えを伝えるわけですが、やりはじめた頃は、自分の話の内容を聞いて欲しいという思いが強くありました。しかし、通勤で急いでいるみなさんが熱心に聞いてくれるわけがありません。

活動しているうちに、むしろ、一人ひとりに「おはようございます。行ってらっしゃい」という気持ちが伝わればそれでいいと考えられるようになりました。これはいまでも同じで、「元気に行ってらっしゃい」の気持ちが伝わるよう心がけています。

このように市議会議員選挙を経験して、１９９９年から5期連続で仙台市の議員を務めさせていただきました。そして国政にチャレンジさせていただくわけですが、国政に出ようと思ったきっかけはふたつあります。

ひとつ目は、やはり、東日本大震災です。当時福島で起きていることと宮城で起きていることと、あるいは沿岸部の被災と内陸部の被災はまったく異なりました。この間、復興に携わり、国の動きを見て、現場感のない政策ほど不幸なことはないと気づいたからです。

ふたつ目は、地方の声を中央に届けるためです。地方分権と言いながら実体がともなっていません。市議会議員としての活動だけでは、どれだけ声が届いたか疑問でした。それなら国会議員になって、地方の現場の声を直接国政に反映させたいと考えたのです。

2 3・11東北の復興なくして日本の再生なし

・議会中に遭遇した大地震

２０１１年3月11日、東日本大震災が起こりました。このときは議会の最中で、私は予算委員会室にいました。市議会は仙台市役所に隣接していますが、議会がある青葉区は震度６弱の揺れでした。

最初にゴゴゴゴォー！　っと地鳴りが聞こえて揺れ出すと、とても立っていられません。横長の机の下に潜って机の足を掴みましたが、それでも身体が振り回されます。部屋のうしろには取材で記者さんたちがいるのですが、果敢にも立ったまま映像や写真を撮っていたのを憶えています。とにかくジェットコースターのような揺れが長く続き、すぐに議会は中断になりました。

予算委員会室は破損しませんでしたが、本会議場は壁が落ちて廊下の壁もひびが入りました。停電したのでテレビで情報を得ることができません。携帯で調べると、10メートル級の大津波警報が出ていて、愕然としたのを憶えています。

災害時、まず議員は地元の被害状況を調べながら、救助・避難所の運営を手伝います。私も

岡本あき子議員の１日

国会会期中のある日

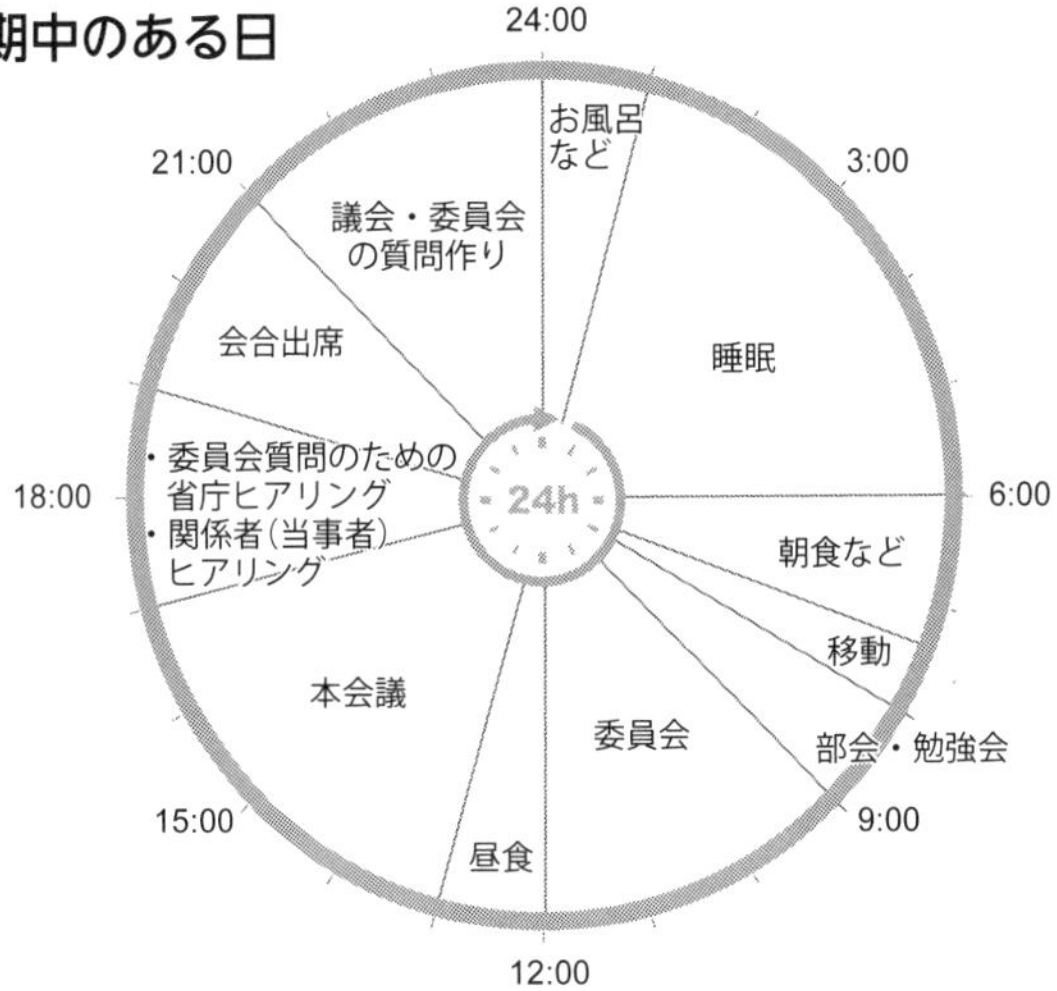

地元でのある日

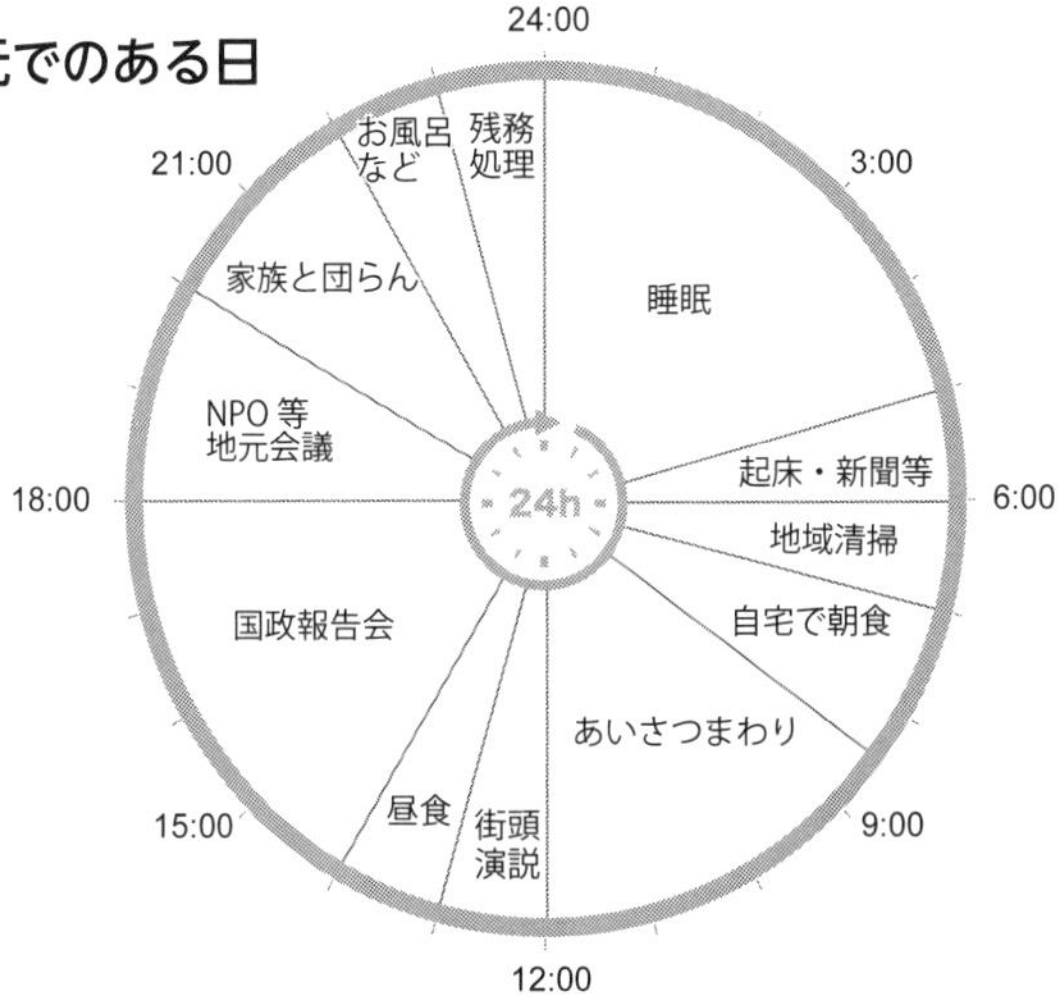

地元に駆けつけました。

避難所の小学校には、3000人もの方々が集まっています。毛布は4人に1枚しか渡せず、食事も行き渡る状態ではありません。家族や友人の安否もわからず、本当に不安だったと思います。

私がいまも気にかけているのは、被災者の方々のメンタルヘルスです。この大震災では、恐怖の体験や悲しい経験をした方が大勢います。現在でもPTSDで苦しんでいる方がたくさんいるのです。

地域のハードの復興はもちろん大切ですが、一方で精神的に苦しんでいる方々が子どもから高齢者まで現在もいることを、政治家は受け止めなければいけません。

・議員は緊急時に人と人をつなぐ

災害が起きたとき、市役所と市議会では役割が異なります。市役所は現場の災害対策を担います。それに対して市議会は、情報共有など「面」としての役割、そして国への要望や交渉役を担います。

いろいろな救済制度がつくられますが、平常時ではないので、市民の方々に伝えることさえ難しい状況です。たとえ伝わっても、市民はその制度が自分に適用できるのかわかりません。

議員は、「あなたの場合はこの制度が使えますよ」と説明する役割を担います。つまり、縦割りの情報を横通しして市民に寄り添った活動をするのです。

並行して議員は、現場で被災した市民の声を聴き、関係者から提供される情報や要望の一元化に努めます。避難所や市内の被害状況を把握して国に現状を訴え、制度と予算をつくるわけです。また、サポートしてくれるＮＰＯ法人と避難所をつなぐ役割も議員が担います。

「人と人をつなぐ」のは議員が得意とする分野です。これは緊急時でも同じで、議員は自分のネットワークを駆使して災害復旧、復興に取り組みます。

私も被災地の市議会議員としてそうした活動に従事しましたが、やはり自治体でできることには限界も感じました。そうすると、地域の人たちをつなぐだけでなく、国と地域をつなぐ必要性を実感するようになってきます。この意識が、のちの国政チャレンジの礎となったのです。

・被災地と中央の温度差

中央では、もう大半の復興が終わったことになっている東日本大震災。２０１７年の衆院選後、国政に身を置き私はそう感じました。非常に違和感がありました。

もっとも、被災地と中央の温度差は、震災後1年経ったあたりから芽生えていたと思っています。東北に対して「大変だね」とは言いながら、復興よりも、いずれ来るであろう首都直下型地震や南海トラフ地震への対策に力が注がれているように感じたのです。

もちろんこれから起こる地震の研究や備えは大切ですが、「東北の復興なくして日本の再生なし」という思いが強くあります。

大災害は家が崩壊するなど失うものが大きいので、地域全体の生活レベルがワンランク下がります。この状態を元に戻すには、大変な時間と労力がかかります。ケアすべき部分が生活の細部にわたっていて、目に見える部分に対策を打つだけでは不十分なのです。国政はこの部分を忘れてはなりません。

東北を地元とする私としては、現在、「風化」と「風評」という〝2つの風〟と闘っています。安全は安全な事実を、懸念は懸念の根拠を、科学的数値も含めて現状を全国に伝え続けていく役割があると思っています。

「もともと東北は過疎地だったからしょうがない」というような終わらせ方は、絶対にあってはならないのです。

3 政局に翻弄された国政チャレンジ

・突然、仲間が対立候補に

私は2017年の衆議院議員選挙に出て、比例復活で初当選させていただきました。私が国政に場を移した選挙ですが、当選までの道のりにはいろいろありました。

選挙前、民進党公認で立候補する予定でしたが、突然民進党と希望の党が合流することになりました。民進党は公認候補を出さないとなって、さらに宮城1区に希望の党が候補者を出すという話になったのです。

ましてて希望の党の候補者は、つい1時間前までポスターを選んでくれたり、私を手伝ってくれていた仲間なのです。その方から電話がきて、「僕、希望の党から宮城1区に出ようと思います」と教えられました。まさに寝耳に水でした。

私のところには希望の党から何の話もありません。「あなたは排除ですよ」と言われたわけではありませんが、「これが排除ということなのか」と自分なりに理解しました。

政治は誠実でなければならない

私は地方議員だったので、このときの両党の動きは詳しく伝わって来ませんでした。「民進党と希望の党が合流して、大きな枠組みの野党をつくる」という話なのだろうと考えていました。「自民党に対峙する勢力をつくる」という動きのなかで、自分が衆院選に出るものだと思っていたのです。

そこに希望の党から候補者が立つことになって、「立候補はあきらめるべきか。それとも無所属で出るべきか」と悩んでいると、立憲民主党ができて「立憲民主党から出る」という選択肢が現れました。

それでもまわりの意見は、「ムリする必要はない」「何もリスクを負う必要はない」「席はあるんだから市議会議員を続ければいい」というものがほとんどでした。

「このまま市議会議員を続けようか」とも思いました。しかしよく考えてみると、このままでは自分が投票したい候補者がいません。白票か棄権か。いままで散々「選挙に行きましょう」と言ってきたのに、自分が行かなければ有権者のみなさんに対する裏切りになってしまいます。

その時、政治には素人の家族から「政治というのは誠実であることが報われるわけではないんだね」と言われました。若い世代からこんな言葉が出るのは、とてもショックです。

「政治は諦めてよいものではないし、誠実でなければならない」――改めてそう思った私は、「投票したい候補者がいないなら、自分が出て投票の受け皿になるべきだ。無所属で出てもし落選したら、数年無職でもしょうがない」と覚悟を決めました。

・やはり分裂は残念だった

結果的に私は立憲民主党に誘っていただきましたが、立憲民主党を立ち上げた枝野幸男代表の記者会見の内容が、申し入れを受ける決め手になったことは言うまでもありません。枝野代表は大学の同期ということもあって考え方はよく知っていたので、「無所属じゃなくて立憲民主党から出よう」と思ったのです。

記者会見の後、枝野代表と電話で話しました。その時に「ぜひ、いっしょに」と誘ってもらって、「よろしくお願いします。頑張ります」と答えました。実際、選挙初日の第一声に枝野代表が私のところに駆け付けてくださり、本当に嬉しくまた心強く感じました。

ただ、こうやっていま思い出しても、分裂とか排除ではなく、非自民で大きな塊をつくってほしかったとは思います。とくに地方の分裂は非常に残念でした。

枝野代表には「立憲民主党から立候補する」と返事をしましたが、自分が立憲民主党から出るということは分裂を進めることになるので、「分裂は残念」という気持ちと矛盾するところもありました。無所属で闘い、その後タイミングを計って分裂を修復できるようにしたほうがいいのではないか。そういう思いがなかったといえばうそになります。

複雑な思いはありましたが、現実は待ってくれません。10日が公示でしたが、7日が土曜日で月曜日の9日は体育の日で祭日だったので、供託金を6日までに納めるというタイトなスケジュールです。比例区の供託金は東京に納めるわけですが、振込みだと間に合いません。あわてててスタッフに新幹線で届けてもらいました。

4 当事者としての政治を貫く

・日本に強いリーダーは必要なのか

民主党が下野し、２０１２年に安倍政権が誕生して現在も続いています。リーマンショックや東日本大震災による不安で国民が強いリーダーを求めた結果と考えられますが、現在もなお、この国に強いリーダーは必要でしょうか。

国民が強いリーダーに頼っていきたいと考えているとしたら、それは日本がまだ不安だからです。国民一人ひとりが自力をつけて自信をもつことができれば、強いリーダーは必要とされなくなります。強権はどうしても腐敗や私物化、暴走を伴います。

国民が自信をもつためには、どういう社会が必要なのでしょう。それは誰も置き去りにしない社会です。

現在の日本が、たとえ何かに失敗してもその人を支えてくれる仕組みを備えていれば、国民は躊躇せずもう一度挑戦することができて、自信につながるでしょう。

逆に何かあったときに支えてくれる受け皿がない社会だと、チャンスがあっても挑戦する勇気が湧かず、いつまで経っても現状を変えることはできません。

子育て支援は、岡本あき子議員のライフワーク

安倍総理のやり方は、圧倒的な権力で引っ張るというものです。しかしそこには、日本経済を良くするためなら取り残される国民がいてもしょうがないという論理が見え隠れしています。

強さにすがるのではなく、誰にでも居場所と出番がある社会をつくるため、やはり現政権とは別な選択肢をつくる必要があります。

私は2017年の選挙の際、非自民の連携をイメージしていましたが、立憲民主党が今後どういった役割を担って野党を束ね、政権交代可能な選択肢となれるのか、みなさんと考えていきたいと思っています。

・1日に東京と仙台を2往復

国会会期中の生活にまだ慣れていないか

らか、半日休を取るのも難しい状態です。

午後のスケジュールが急に空いたとしたら、地元にもどります。東京と仙台は、新幹線で1時間半なので1日に2往復はできます。午後から仙台に行って人と会い、東京にもどって勉強会に出席し、夜になってまた仙台に行って要望を伺って自宅で1泊、次の日の朝一番で東京にもどって来るという感じです。

ところで、市議会議員というのは、市の行政サービスを扱っているので市民と直結しています。自分の目の前に困っている市民がいて、自分たちの努力で問題が解決する。市民の方々の喜ぶ顔を実際に見ることができるわけです。市民と距離が近いので手応えがあってやりがいがあります。

「国の制度は東京だけ決めている」とよく言われますが、実際に衆議院議員になって「本当なんだ」と思いました。私はいまの安倍政権しか知りませんが、官僚は国民ではなく官邸を向いているという印象を強く受けています。ここが地方自治と国政の決定的に違うところだと思います。

できる限り当事者の声を聞くために、私は国会会期中でもいろいろな方に会い、また国会に来ていただくようにしています。しかし結局、すぐに東京に来ることができる方は、首都圏に限られています。そうするとやはり、数時間でも地元にもどって、そこで生活している方の声を聞くほうが大切なのです。

たとえば、ある法律や制度を検討していても、東京周辺に住んでいる方と仙台に住んでいる方にとって、本当に同じ内容でいいのだろうかと考えます。どこかに違う点があってそこを活かさないと、その地域に適した制度にはならないのではないか。常にここを意識しています。

当事者の声は本当に法律を変える

私は市議会議員と衆議院議員を経験して、より強く「当事者が声を出す大切さ」を感じています。

80年代初頭、仙台市でスパイクタイヤが問題になりました。スパイクタイヤは舗装道路を削って粉塵を撒くので、健康にも悪いし道路の補修費もかさむという声が市民から上がったのです。

市民の声がきっかけになって大学や医療機関なども研究を始め、雪が積もらない仙台市にはスパイクタイヤは不向きという認識が広まります。とはいえ、走っている車が仙台市に入ったらスパイクタイヤを外して、仙台市を抜けたらまたスパイクタイヤを履いてというのは現実的ではありません。仙台市だけでは法律的に規制をかけるのは難しいわけです。

しかし、市民の声がさらに大きくなると宮城県も動き出し、1986年には「スパイクタイヤ対策条例」が施行され、結果的に1990年、「スパイクタイヤ粉じんの発生の防止に関する法律」が制定されたのです。

当時、私の大学の担当教授がかかわっていたので、私にとっても身近で市民の声の力を目の当たりにした経験となりました。

私たちは「法律は守るためだけのもの」と無意識に思っているところがあります。だけどこれは大きな間違いで、「自分たちでつくることのできるもの」なのです。

ただしそのためには、当事者が本気で声を出す必要があります。その意見がみんなの求めるものなら輪が広がり、法律は変わります。これは生活者として本当に大事なことなので、これからも伝えていこうと思っています。

世界193ヵ国中、日本はなんと158位

政治の世界は、まだまだ女性進出が遅れています。それは本当に実感することです。

たとえば、私が何か失敗をすると「だから女性議員は……」と言われます。個人ではなくて、女性議員という塊で見られているわけです。私は「女性議員」ではなく、岡本あき子個人として責任をとれる存在になりたいといつも感じています。

はじめて市議会議員になったとき、「仙台市は保育所が不足しています」と訴えたら、「おまえがこんなところに来るから、保育所が必要になるんだ。家に帰って子どもの世話をしていろ！」と言われました。「議会は社会から10年遅れている」「これを変えるのが私の仕事なんだな」と思いました。

内閣府男女共同参画局のホームページによると、現在、国会議員の女性議員比率は衆議院10・1パーセント、参議院20・7パーセントで、これは世界193ヵ国中158位、OECD諸国では最下位です。

2018年に「政治分野における男女共同参画の推進に関する法律」が施行されましたが、まさに過渡期なのかなと思います。「社会から10年遅れている国会」が、やっと動き出しつつあります。

私は20年間政治にかかわっていますが、「とにかくキャッチアップさせよう。これが自分の仕事だ」と考えています。

・嫌われることを気にしない度胸

政治家になりたいと考えている方、政治を変えたいと考えている方には、「あなたも当事者になれるんだよ」、そして「当事者の声を出すことが政治なのだ」と伝えたいと思います。

選挙に出るためには、仕事を辞めなければならないなどのリスクはあります。だけど人生にリスクは付きものです。仕事を続けるのも、辞めて立候補するのも自分の人生です。政治の道はあなたの人生の選択肢に十分なりうる道でもあります。自分の気持ちに素直になれば、行動に移しやすくなるのではないでしょうか。

ただし、嫌われることを気にしない度胸が政治家には必要です。挑戦するにあたってこれは忘れないでください。

選挙のときも当選後も、「あなたはいいね」と微笑んでくれる有権者もいれば、「おまえはダメだ」と罵声を浴びせてくる有権者もいます。

意見が異なるのは当たり前で、そしてこれこそ大事なことです。違う視点や意見があるからこそ民主主義なのです。「いろいろな意見があるんだな」と思って受け止めてください。そして「私の意見はこうです」と冷静にわかりやすく伝える懐の深さをもってください。

政治家にはいろいろな意味で勇気は必要で、打たれ強いに越したことはありません。そう思って飛び込んでください。

岡本あき子議員から政治家を目指す人への直筆メッセージ

政治という道は
「あなた」の人生にとって
進む選択肢の一つに十分なります
今日 書かせていただいたとおり
「ひとり一人の声と想いを行動に移せば
法律を変え またはつくり
未来を変えることができるのです」
あなたの「想い」は何ですか？

岡本あき子

自分が有権者だったら、
自分に投票できるかどうか

山崎 誠

山崎 誠（やまざき・まこと）

政権交代選挙で初当選を果たし、与党議員として国会に入っていった山崎誠議員は、自身の政策の柱である「原発ゼロ」を実現すべく、再生可能エネルギーへのエネルギーシフト、震災復興や原発事故被害の問題に取り組んできた。20年にわたるビジネス経験を経て地方議員から政治の世界に入った山崎議員。実績十分のオーラに溢れた政治家かと思いきや、フレンドリーでバランス感覚に優れた人柄に、いい意味で肩透かしをくらった。実務家と情熱家の自分を絶妙にコントロールし、等身大の言葉で政治を語る姿に、彼自身が目指す政治家像を見る気がする。

山崎議員が政治生活で直面してきたことは、この国の将来を左右する課題ばかりだ。彼のような「まっとうな人」が「まっとうな政治」を行ってくれることを、多くの国民が望んでいる。

プロフィール　1962年生まれ、東京都練馬区出身。上智大学法学部法律学科卒業、青山学院大学大学院国際政治経済学研究科国際ビジネス専攻修士課程修了。横浜国立大学大学院環境情報学府博士課程後期単位取得退学。㈱熊谷組、日揮㈱勤務を経て民主党候補者公募に応募し政治の世界へ転身、2006年より横浜市会議員を２期３年半務める。2009年の衆議院議員選挙に立候補、初当選。2012年11月、民主党を離党し「みどりの風」を結党。「日本未来の党」に合流して衆議院議員選挙を戦うも落選。2017年10月の衆議院議員選挙に立憲民主党東北ブロックの比例候補として挑戦、当選（２期目）を果たす。2018年9月より神奈川県第5区総支部長。

1　企業生活20年を経て政治の世界へ

・小泉政治への危機感と民主党への期待

私が政治の世界に入った直接のきっかけは、小泉政権時の「劇場型政治」を目の当たりにし、「これはまずいんじゃないか」と思ったことです。もともと自民党政治には違和感がありましたが、まるで大衆を惑わすような政治手法とそれが熱狂的に支持されることに、強い危機感をいだくようになりました。

ちょうどそのころ、民主党は政権交代を目指して力を付けていた時期でした。私の地元選挙区には岩國哲人さんがいらっしゃって、ビジネスパーソンを経て政界に入ったところなどにシンパシーを感じていました。自民党政治に対抗する、民主党の新しい政治への期待もあって、そのタイミングで実施された民主党の候補者公募に応募し、私は会社員から横浜市会議員に転身しました。

もともと学生時代から政治や外交には興味があり、国際政治学、国際関係論のゼミで国連の機能や途上国の開発について勉強していました。そのころは、企業人としてそういった関心を生かしていきたいと思っており、新卒でゼネコンに就職、その後エンジニアリング会社に移っ

て建設現場の事務やシステム開発のコンサル業務などに従事していました。

20年ほど企業で仕事をするうちに、もっと公共的な事業に携わりたいと思うようになり、そのタイミングで先の小泉政権への危機感と民主党の公募が重なってきたわけです。

・民間企業の限界

最初に就職したゼネコンでは事務系の仕事が多く、建設現場での事務や本社での人事業務に従事していました。

大学時代は地域開発を勉強していたので開発事業に興味があったのですがそのような部署には配属されず、会社も海外事業から撤退する時期だったので、5年ほど勤めた後、エンジニアリング会社に転職しました。

エンジニアリング会社ではシステム系の業

務に就き、システムコンサルタントとして経験を積みました。たとえばアルジェリアの天然ガスプラント事業でメンテナンスシステムのリプレイスに関わるなど、もともと志していたフィールドに近い仕事ができるようになります。

しかし経験を重ねるほどに、民間企業の限界を感じるようになってきました。それはひとえに、利益を追求せざるを得ないという宿命と、それに対する疑問です。

たとえば原発です。私のいた2つの企業でも原発事業を手掛けていましたが、原発は企業にとってドル箱です。他の事業に比べ、利益率が桁違いに高いのです。なので社会的に見て「原発ってどうなんだろう」という思慮は押し殺されてしまいます。

また、私が提案した事業に高齢者の見守りシステムの構築がありました。福祉社会を意識し、私なりに利益性も考えたものでしたが、そういった細かい事業は会社からするとビジネスの規模が小さく、積極的に取り組むものとはされません。

仕事そのものは自分がやりたいと思っていた内容でやりがいもあったのですが、15年ほど勤め、会社の全体も見まわせるようになってきたころ、「果たして自分はこのままでいいのだろうか」という思いに駆られ、先に述べた候補者公募に応じたのです。

・環境への眼差しと原体験

私が生まれ育ったのは東京の練馬区ですが、子どもの頃はまだ田舎で、空き地や原っぱが広がる地域でした。そういったところには背丈よりも高く草が生えていて、そこに分け入って虫取りをしたり、川でザリガニ釣りをしたものです。

また、母の実家は新潟県の糸魚川にあるのですが、夏休みの間はそこに行って海や山で遊んでいました。

とりわけ農業に従事していたとかではないのですが、こういったことが原体験として私の中にあり、以来ずっと、自然や生き物との付き合いが続いています。

自分で言うのも変ですが、この自然への思いが私の「やさしさ」の生まれる源泉となっている気がします。ですから、環境を守っていきたいという思いは、私にとってごく自然なことなのです。

今も自然が好きで、学生時代に始めたサイクリングは付き合いの長い趣味となっています。決して健脚ではないですが、北海道を回ったりかなり長距離を走っています。

初めての長距離サイクリングは、長野の松本まで輪行してそこから糸魚川に行くコースでしたが、山から海に下るばかりかと思っていたところ手前に白馬の山越えがあって大変だったのもいい思い出です。

原発については、書物との出会いによって考えが形成された部分が大きいですね。

まず、社会人になりたての頃に読んだ『まだ、まにあうのなら』(甘蔗珠恵子、地湧社)という本。これはチェルノブイリ原発事故(1986年)後の1987年に出版された本ですが、脱原発を考えるようになったきっかけを与えてくれました。

もう一冊印象に残っているのが、大学の教養課程の教科書だったイヴァン・イリイチの『エネルギーと公正』(晶文社、1979年)という本。これはエネルギー消費による社会の変化を論じた本です。

若い頃、こうした本を通じて、環境問題や脱原発への思いを抱いた私は、いま政治家として「原発ゼロ・再生可能エネルギーへのエネルギーシフト」を最も中心的な政策に掲げています。

東日本大震災と福島第一原発事故以降はまったく違うフェーズに入った脱原発の動きですが、私にとっては原体験に基づく政策であり、積年の課題なのです。

2 国の政治と自治体行政の関係

・充実した横浜市会議員時代

民主党の公募は横浜市議の補欠選挙のタイミングでしたので、私は2006年の横浜市会議員選挙(補欠選挙)に出馬し、当選します。

ちなみに政治家への転身に関して、家族の反対はありませんでした。ただ、当時思春期だった娘は、親のポスターが近所に張り出されるのが恥ずかしかったみたいです。

一期目は1年、二期目も2年半を経たところで衆議院議員選挙に出ることになったので3年半だけの市議時代でしたが、これが本当に面白かった。当時はずっと市会議員を続けたいと思っていたほど、楽しい仕事でした。

市会議員の何が楽しいかというと、「現場」があることです。たとえば道路だったり、公園だったり、防災備蓄施設だったり、そういった現場が自分たちの地域にあり、それが議員の仕事の対象です。

そこで働いている人、利用している人の顔が見える現場を視察し、提案を練って担当者と協議していく。やる気のある担当者だと意気投合して、「ああしよう、こうしよう」と一緒に試行錯誤をかさねる。たとえ予算がつかなくても、執行段階の工夫でなんとかしていく。そういった直接的な手応えの感じられる市議の仕事が、本当に楽しかったのです。

・現場とかけ離れた間接的な仕組み

それにくらべて国会議員の仕事は、間接的にならざるを得ません。たとえば震災復興に関して、行政の方とお会いしても、「その件は市の担当が……」「そこは県の担当が……」といった話ばかりに終始する。まずは法律や政省令があって、「そのためにこういった手続きが必要で……」「その担当はどこの部局で……」となる。

山崎 誠議員の１日

国会会期中のある日

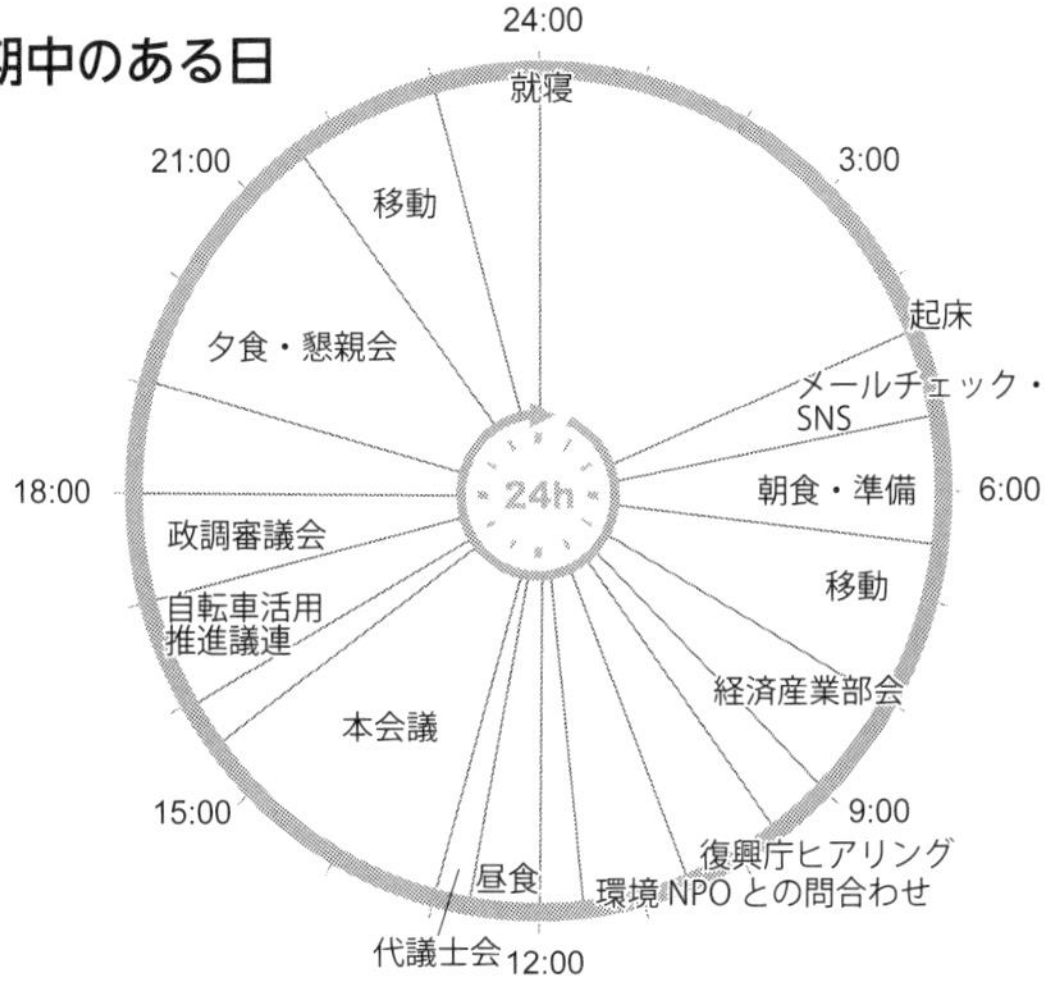

地元でのある日

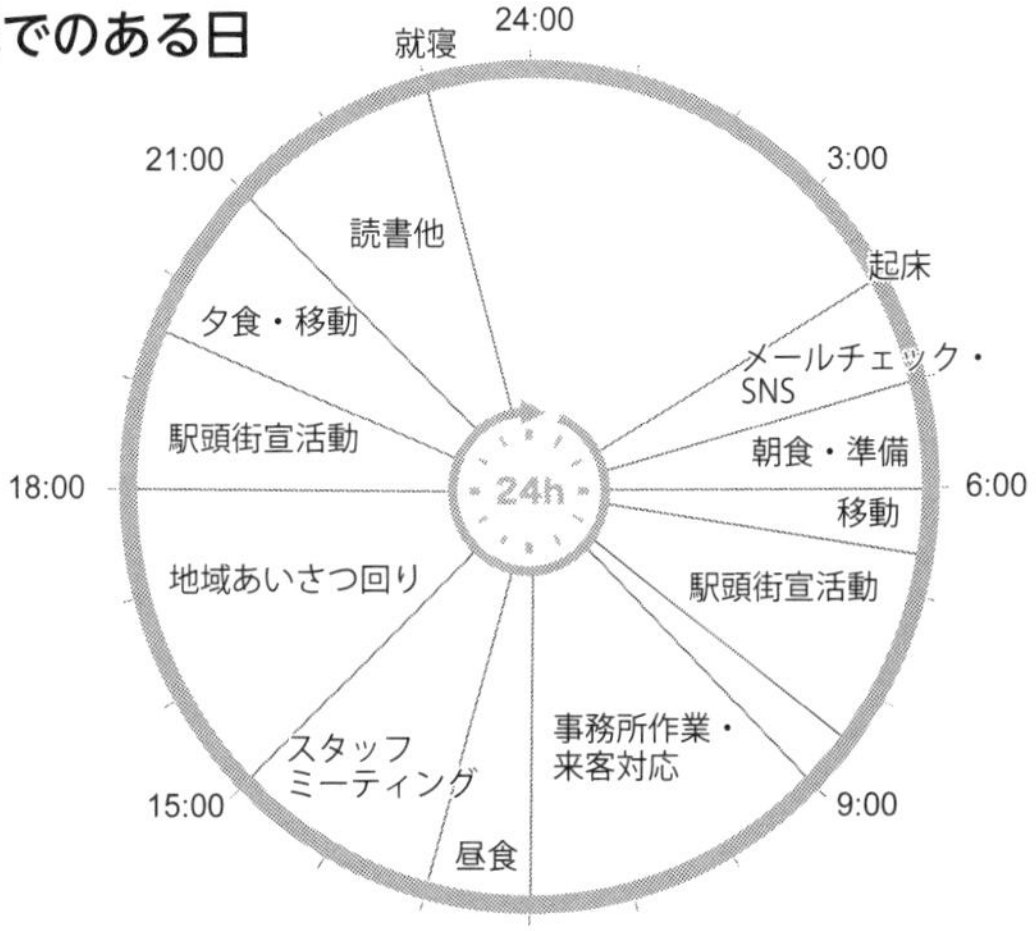

つまりスキームの議論ばかりやっていて、いま現場で何が起こっているのか、それに対して何ができるのか、自分が直接かかわることが構造的に難しいのです。

こんなことがありました。震災後、被災地には多くの避難所が開設されましたが、担当省庁から避難所の現状について、アンケートを元にした報告が上がってきました。

「回答によるとおよそ500ヵ所の避難所は衛生環境が改善されているとのことです」と言うのですが、その調査に応じた避難所自体が全体の約半分で、残りの避難所からは回答がなかったというのです。どう考えても、アンケートに答えることもできないくらい大変な状況の避難所があり、そこを無視した半分の数字で「改善している」と言われても、現実と大きく乖離していると言わざるを得ません。

「こんな数字何の意味もないじゃないか！」と担当者と大激論になったのですが、実は官僚もそこはどうしようもないのです。つまり、内閣府の調査は、調査票が県に下ろされ、そこから基礎自治体に丸投げされて実施されているという現実があります。そこから逆の流れで上に戻されるうちに、現実味を失ったデータになってしまっているのです。

官僚たちも本当は現場に行って直接調査したいのですが、そうは出来ない仕組みになっています。激論のなかで彼らも「そういうことだったら」となり、当時は政治主導が叫ばれていましたから、「大臣に言って、現場に行けるようにしてください」と本音を語っていました。私はある意味、がんじがらめになっている国家公務員はかわいそうだと思います。

このように、国の政治や行政の仕組みは、おしなべて間接的です。ここを正していかないと、現場のニーズとかけ離れた政策ばかりが打たれ、困っている人に支援が届かないままになってしまいます。

・自主避難者支援打ち切りに見る行政の硬直化

私は復興政策のなかで東京電力福島第一原発事故の自主避難者支援の問題に取り組んでいますが、ちょうど2019年3月末で住宅補助などの経済支援が打ち切られてしまいます。これを何とかしようと各方面にはたらきかけているのですが、県も国も手を打とうとしません。県にしてみれば、今や大多数の住民が福島県内に戻っていて、自主避難者は少数派です。県民の中には「戻ってきた自分たちへの支援が先だろう」「いつまで避難しているんだ」という声も多く、まずは県内に住んでいる人に向けた政策を優先せざるを得ません。これは福島選出の国会議員にしても同じ事情だと思います。

しかし現実には自主避難者の皆さんの生活は大変厳しく、また、すぐに福島に戻れるような状況になく、継続的な支援がどうしても必要なのです。

県が対応できないのなら、ここは国にバトンタッチして支援を継続するべきと思い、復興庁を問いただしましたが、彼らはかたくなにやらない。予算で言えば、除染に使ってきた費用や防潮堤の建設費用にくらべれば微々たるものです。それでも絶対にやろうとしないのです。そこには、復興五輪と位置付けた2020年オリンピックに向けて、「原発事故は収束している」と見せたい政府の政治的意図も作用しているのかもしれません。

残念ながら、自主避難者の状況がここから劇的に改善されることは難しいと思います。このままであれば、たとえば現在、国家公務員宿舎で避難生活を送っている人は、4月以降は「不法占拠」ということになり、損害金の加算された2倍の家賃を払わざるを得ないことになってしまいます。被害者に対していくらなんでもひどすぎると憤りを感じます。

自治体ができないのなら国がやる。そういった柔軟な役割分担を通じて救われない人を無くしていく。それこそがいま、求められていることです。私も引き続き避難者全員の生活再建が実現するまで全力をつくします。

3 与党議員として直面した現実

・民主党政権の失敗

2009年の総選挙に際して、私が所属していた神奈川8区では岩國さんが選挙区を移ることになり、候補者不在の事態となりました。会議が開かれ誰を立てるか話し合われたのですが、私に「出てくれ」という声が集まり、市会議員を辞めて国政に打って出ることとなりました。

2009年の総選挙はいわゆる政権交代選挙でしたが、この選挙で私は国政初当選を果たします。国政デビューと同時に与党議員となりました。幸運なスタートといえばそうですが、いまになって当時を振り返ると、苦い思いばかりが残っています。

民主党の失敗については多くの方が語っていますが、私が思うのは、当時の民主党には「驕り」があったということです。自民党政治を刷新するんだという高揚感、国民の期待のなかで、「自分たちが政権を獲ればすべてうまくいく」という思い上がりがあったのではないか。

私自身も当時はどっぷりつかっていて見えていなかったのですが、そういう驕りが政策の慎重さを欠き、国民の信頼を失う結果につながったのだと思っています。

そもそも、政権交代時から現在もそうですが、日本は大きな転換点を迎えています。右肩上がりの時代が終わり、少子高齢化の進む縮小社会の中で、経済、社会保障、安全保障、環境、すべての分野で舵取りの難しい局面にあります。

昔は増え続ける富をどう分配するかというのが政治の仕事でした。そこに多い少ないとか不公平の問題はありましたが、基本的には誰もが豊かになれる時代でした。

しかしいまは違います。社会全体が縮小していくなかでどうやって国民の生活を守っていくか。そうした局面で、政治に慎重さが求められるのは当然です。本来であれば、5年、10年スパンで取り組むべき政策課題ばかりです。

そういった状況にもかかわらず、拙速に物事を決めていく政治を行ってしまったのではないか。たとえば普天間基地の移設問題は、現在も国論を二分する大問題となっています。この問題に取り組むにあたり、鳩山さんが掲げた「最低でも県外」という方向性は決して間違っていなかったのですが、これは時間をかけて取り組むべき問題で、期限を切って決めるような話ではなかったように思います。

当時私は東日本大震災からの復興政策を担当していましたが、ここでも政治主導のかけ声ばかりが空回りしていると感じました。

復興庁は本来、復興に関する政策のワンストップ窓口という建付けのはずでした。しかし被災地で行われた会議に出席すると、国側の席には復興庁の役人だけでなく、文科省、経産省、国交省、環境省の役人がずらりと並んでいる。

自治体からの要望について、相変わらず担当省庁が個別に回答するという縦割りをやっているわけです。結局、復興庁の役人の発言機会も少なく、打ち手も従来のままでした。

こういった会議に出席すると、果たして政権交代の意味があったのだろうか、何も変わっていないじゃないかと失望感を覚えました。

●政党と議員の関係

そういった苦い経験を踏まえていま私が思うのは、政党というのは議員にとって、あくまで

地元での駅頭街宣活動

もツールであるということです。同じ志の仲間とグループを作り主張を強くしていくことで政策の実現を目指していく、そのために政党はあるのだと思います。

　複数の議員が集まれば、関心のある政策が完全に一致していることはあり得ません。そこはお互いのテーマを応援し、得意な分野は力を貸し、明るくない分野は手伝ってもらう。

　党の役職などもあってある意味面倒な部分もあるのですが、補完し合うことで１人ではできないことを実現していくのが政党の存在意義だと思います。

　とはいえ、ここだけは譲れないという政策に関しては、一致しているべきだと思います。ここが違うと党内でせめぎあいが生まれ、他党と対峙する前に、党内対立を勝ち上がっていく必要が出てきます。これは明らかに力の分散でエネルギーの無駄づかいです。立憲民主党にもいろいろな考えの議員がいますが、「原発ゼロ」ということに関しては一致しています。原発ゼロの実現を目指す私にとって、優れたツールであるということです。立憲民主党はいま、民主党時代の反省も踏まえ、どこまで基本的な政策の一致した仲間を集めていけるかに取り組んでいるところです。枝野代表も「数合わせはしない」と言ってこの政党を立ち上げ、そこが国民に受け入れられているのだと思います。

この先、政権を担うために他の政党と合流するという判断があるかもしれませんが、そこがこの党の正念場になるでしょう。

●民主党を離党し脱原発で戦う

2012年は選挙の年でしたが、それに先立って私は民主党を離党します（党としては除名処分）。私にとって原発事故の処理や原発ゼロ政策は譲れないものでしたが、その部分で民主党の方向性と合わないと判断したからです。

民主党を離れたあとは、新党「みどりの風」の結党に参加しました。

同年11月の選挙は、脱原発のための大連合である「日本未来の党」から選挙区も替えて出馬したのですが、いま思えば無謀だったかもしれません。

私は、当然原発ゼロが最大の争点となり支持のベースにもなると思っていました。実際、演説で街頭に立っても応援してくれる方は少なくなかったのですが、いわば「脱原発という雲」の中にいたようなもので、その雲の外側にいる大多数の人たちにとって、脱原発は重要な争点ではなかったのです。結果は落選でした。

この選挙では民主党も政権を失います。

落選後は認定ＮＰＯ法人環境エネルギー政策研究所（ＩＳＥＰ）で仕事をしました。私は日本未来の党で嘉田由紀子さん（元滋賀県知事）や飯田哲也さん（環境学者）と関係ができ、飯田さんが所長を務める同ＮＰＯに入ることになったのです。

この間、ＩＳＥＰではエネルギー政策に関わる仕事に専念することができました。ちょうど盛り上がりはじめていた地域主導の再生可能エネルギー事業の応援を全国各地で行っていました。また、ＩＳＥＰは再生可能エネルギー推進のネットワーク世界組織の日本における窓口となるＮＰＯで、コミュニティパワー国際会議の開催など大変刺激的な仕事を担当することができました。

その頃、表立った政治活動は行っていませんでしたが、できればもう一度政治の世界にもどり、ＩＳＥＰで体験したことを政治につなぎたいと思っていました。当時は、国会議員ではなく市議会議員になりたいと思っていました。やはり国会議員の歯がゆさにくらべ、市議は楽しくやりがいがありましたから。

4 政治家になりたいだけの人はなれない

・政界復帰は国政に

私は2017年の衆院選で国政に復帰することになるのですが、これには前段があります。その1年前あたりから、当時維新の党にいた高井崇志衆議院議員に「エネルギー政策を手伝ってほしい」と声を掛けられ、そのまま党の合流にともない、民進党のエネルギー政策にかかわるようになりました。そこには近藤昭一さんや阿部知子さんがいて、福山哲郎さんもその動きを知っていました。

私としては「民主党には除名されたけど民進党なら戻れるかも」と思っていて、「もし候補者を探しているのならぜひ」ということは表明していました。

そこに希望の党との合流や排除の動きが勃発し、「もう自分の出番はなくなったな」と思っていたのですが、2017年10月2日に立憲民主党が立ち上がります。立憲民主党は原発ゼロを掲げており、自分に合う政党だと思いました。

さっそく阿部さんに連絡を取り政策づくりを手伝いたいと言うと、「福山さんに会いに行きなさい」とのこと。翌3日、福山さんのところに行くと、思いがけず「できるか⁉」と。話は急展開、すぐに枝野さんにも会って握手、選挙区を決めてもらうことになりました。そして「明日確認の電話を入れるから」と告げられました。

翌日は仕事で出張でしたが、一向に携帯は鳴りません。「福山さんも忙しいだろうし、こっちから掛けるのもなぁ……」と悶々としていたのですが、結局その日連絡はありませんでした。

翌5日になって念の為携帯の電源を入れ直してみると、なんと不通になっていたことが判明！　福山さんからすぐにかかってきて「なんで電話にでないんだ！　何回かけたと思ってる」とこっぴどく叱られました。

すぐに書類一式をもって党本部に生き、駆け込みで手続きを済ませて立候補をしたのです。

２０１７年の選挙では、東北ブロックから出馬しました。これは、原発事故処理や再生可能エネルギー事業の関係で福島に通っていたご縁があったからです。神奈川での政治活動はいったん途切れていた状態でしたし、震災復興は継続的に取り組んでいくべきだと思っていたので、選挙区の変更は自分にとっても納得のいくものでした。そこで私は当選し、国政復帰を果たします。

国政に戻って、立憲民主党のエネルギー調査会事務局長として、これまで温めてきた「原発ゼロ基本法」の取りまとめを担当、国会へ提出することができました。全国20カ所でタウンミーティングを開催し、２０００人を超える市民の皆さんと意見交換をしながら、原発の速やかな停止、廃炉を決定するまでのプロセスを練り上げた自信作です。原発ゼロ・再生可能エネルギーへの転換は日本の未来への希望です。原発推進の自民党はなかなか審議に応じませんが、必ずや近い将来成立させたいと日々闘っています。

・安倍政権は自民党の政治ではない

現在の政治状況は、率直に言って異常だと思います。それは、安倍政権が行っているのが、どう考えてもかつての自民党の政治でもないからです。

私の感覚ですが、自民党政治とは、地域を歩き、地域のためになされてきたものです。そこで利権の問題なども生じてきましたが、自民党が地域や国民と向き合ってきたのは確かです。党内も、派閥争いはありますが、それを通じてバランスをとっていた部分もあったと思います。安倍政権は、そういった本来の自民党政治をも壊している、極めて異質な政治だと思います。権力の集中を実現し、個人的に関係の深い人物を優遇し、反対する者は排除、言論を封殺し、情報を操作、忖度する者ばかりを周囲に置く。これでは、官僚のみなさんも何も言えなく・言わなくなるし、保身に走るのも当然です。

こういった事態に対し、「安倍さんが替われば元に戻るだろう」と考えていたのですが、どうやらそうはならないほど政治や官僚そのものが変質してしまったように感じられます。安倍政権が長期化することで、その手法が確立され引き継がれようとしている、ここに事態の深刻さと危機感を覚えます。

安倍政権的な手法は、国民にも影響を及ぼしています。例えば、選挙権が18歳に引き下げられたこと自体はいいと思いますが、言論封殺の中で有権者教育、シチズンシップ教育がなされないまま、ネットを通じて政権に好都合な情報ばかりが流され、若い人の間に政治をチェックする視点が育たないように仕組まれている。結局、安倍政権の目標は、政権維持、権力維持がすべてではないかと思うのです。

・こんな人に政治家になってほしい

政治家になりたいと思っている人に対し、あまり偉そうなことは言えないのですが、感じていることがあります。

私自身いつも、「政治家になってもらいたい人」になろうとしています。自分が有権者だとしたら自分に投票できるだろうか、いつもそんな視点で自分を見つめています。

候補者選考の場でもよく思うのですが、「政治家になりたいんです！」という方がいますが、自分がなりたいと思うよりも、みんながなってもらいたいと思う人間になることが先だと。

そのためにはまず、自分の主張や政策をきちんと確立しなければなりません。主張や政策は、自分の人生経験を通じて感じたことや直面した問題を政治課題に置き換えて確立するものです。

それは企業での経験やＮＰＯなどでの活動、市民運動やボランティアなど何でも構いません。自分にとって「これを実現したい」と心から思えることを掲げる。それを見たまわりの人が、

「あの人に政治家になってもらいたいよね」と思ってくれるかどうかが大事なのではないでしょうか。

私が国政に初挑戦したときは、先輩の地方議員の方々が「君が出るべきだ」と言ってくださったし、福山さんに会ったとき声を掛けてもらえたことが、二期目のいまに繋がっています。そういった場面で「あいつにやらせよう」と思ってもらえたのは、私の場合だと震災復興や脱原発に立場は変わっても継続的に取り組んできたこと、社会のために働きたいとの思いを汲み取ってくれたからだろうし、政治家になる道筋として正しかったと思います。

言うまでもなく政治家になるには選挙で選ばれなければなりません。政治家になりたいだけの人はなれません。まわりの人になってもらいたいと思われて政治家になれるのです。

自分からいろいろ画策して選挙に出ることができても当選は難しいでしょうし、もし議員になれたとしても長続きはしないのではないでしょうか。

もし政治家になりたいのであれば、まずは自分なりの主張や政策を打ち立て、周囲の人に応援してもらえるような人になることが、実は近道だと思います。

山崎 誠議員から政治家を目指す人への直筆メッセージ

「これを実現したい」と心から
思えることを掲げる。
それを見てくれた人に
「あの人に政治家になってもらいたい」
と思ってもらうこと。

市民派議員が今こそ目指す民主主義

大河原雅子

大河原雅子

（おおかわら・まさこ）

市民運動出身議員の代表格で、政権交代を果たした当時の民主党を体現するような存在――大河原雅子議員に抱いていた印象は、実際にインタビューしてみて間違っていなかったことを確信した。食の安全や環境といった生活に直結した問題を常に政治課題としてきた市民派議員。そのキャリアは、東京都議会から国政に舞台が変わろうとも、落選期間を挟もうとも、一貫してぶれることなく積み上げられてきた。

しかし、彼女自身は変わらなくても、周囲はこの間大きく変わった。その渦中に巻き込まれ続けてきた大河原議員は、いま再び国政の場で何を思うのか。彼女の話は、この国が真の市民社会を実現するための示唆に富んだものとなった。

プロフィール　1953年生まれ、神奈川県横浜市出身。国際基督教大学卒業後、舞台・映画の制作会社に就職。1988年、家族で東京都世田谷区の社宅に転居、東京都に食品安全条例の制定を求める直接請求運動に参加。以後環境問題などの活動に関わる。1993年、都議会議員初当選（世田谷選挙区）。3期10年在任。1999年、東京・生活者ネットワーク代表委員就任。2007年、参議院議員選挙に出馬（東京都選出）し初当選。2013年の参院選では民主党より公認を撤回され、東京都選挙区から無所属で出馬するも落選。2016年の参院選では民進党公認で比例区から出馬も落選。2017年の衆院選は、立憲民主党に比例北関東ブロック単独で公認を受け当選。

1　東京都議会議員としての経験

・食の問題から生活者ネットにかかわる

1993年6月、私は、東京・生活者ネットワーク（生活者ネット）の公認を受けて東京都議会議員の選挙に世田谷区から立候補し、初当選することができました。これが私にとってはじめての選挙です。

1993年というと、金権政治にからむ汚職事件で政治不信が高まった時代です。衆院選で自民党が過半数割れし、新党ブームが巻き起こりました。情報公開の重要性が叫ばれるようになったのもこの頃でした。

政治倫理が問われるなかで、「自分たちで政治を変えよう」という都民の声を反映し、私のような素人でも当選することができました。「腐敗政治に一石を投じることができたかな」と感じたものです。当選後、「政治倫理条例」を議員提案したことも、その後の私の政治スタンスに大きな影響があったと思います。

私と生活者ネットの出会いは、子育てを始めて、食品の安全に注目するようになったことがきっかけです。生活者ネットは政治を市民生活に引き寄せ、新しい政治を生み出すことを目指

す団体ですが、自分たちのなかから議員を出して、自分たちの考え方を反映しようと都議選と区議選に立候補者を立てています。こうして、圧倒的な男性社会である議会に女性議員を送り込んでいたのですが、その活動に私もかかわっていました。

「次の都議選に誰を出す?」という話になったとき、「大河原さん、やってみない?」と勧められました。生活者ネットの活動には参加していたものの、議員になりたいという気持ちはまったくなかったので、いきなりの指名に戸惑いました。

ほかにも勧められた人はいましたが、親の介護などがあって立候補は難しい状況でした。「とりあえず、一期4年だけでも……」と説得され、私が出ることになったわけです。生活者ネットの活動をするようになって5年が経過していました。

・3人の小学生を育てながらの立候補

当時、子どもは小学校5年生、3年生、1年生の3人で、子育てに忙しい時期でした。立候補に二の足を踏んでいた私に、生活者ネットの先輩が「子育てをしているなかで感じたことを議会で提案していけばそれでいいの。それが現在の政治を変えることになるのよ」と言って背中を押してくれました。

子どもたちが学校に通っていると、いろいろな問題に遭遇します。PTAで解決できないようなことがらは、政治にかかわっています。一般的に、こうした問題を政治課題としてとらえるのは女性議員の割合が高いものですが、都議の女性議員は2017年でも10パーセントしかいません。当時はいま以上に、女性や子育てに関する問題がおざなりにされていました。ここに、私が政治の場に入ることの意味を感じとりました。

立候補を夫に相談すると、「誰が選挙に出ても、どうせあなたは忙しくなるでしょ」「応援するよ。こういう機会は滅多にないから、人生勉強だと思って頑張れ」と賛成してくれました。

実際に都議会議員になってみてペースがつかめたのですが、都議会は本会議も常任委員会も午後1時からはじまることが多いので、朝食を子どもたちに食べさせて登校させ、夕食の下ごしらえをしてから登庁していました。

子どもたちも、上の子が下の子の面倒を見てくれるなど、子ども同士でルールをつくって自分たちで何とかしようと頑張ってくれて、3人とも小学生のうちにごはんとみそ汁は作れるようになりました。ちょっと自慢です。

選挙のときは自分の母親のポスターが近所にも貼られるので、友だちに冷やかされたと思います。理解のある先生が、社会科の授業で選挙について詳しく説明してくれて、友だちもわかってくれたようです。「私が選挙に出たことで、子どもと友だちの社会勉強になったかな」などと思いました。

・生活者ネットの手づくり選挙

選挙にはお金がかかると言われますが、生活者ネットは「出たい人より出したい人」「選挙は手づくりで」という姿勢でやってきたので、候補者に負担をかけない仕組みができあがっています。

みんなでカンパをしてボランティアで手伝い、知恵を出しあって活動します。ポスター撮影の衣装は誰かが貸してくれたり、選挙運動に必要な物は生活者ネットに揃っているし、立候補するにあたってお金の心配は必要ありません。当選した議員は生活者ネットにカンパをして、そのお金は次の選挙で使うという循環の仕組みもあります。

とはいえ、選挙はやはり大変です。都議選はあくまでも一地方自治体の選挙ですが、東京はきわめて多い有権者を抱えているので大型選挙と呼ばれ、選挙結果は日本の情勢を反映すると考えられています。

したがって、都議選には各政党とも力の入れ方が全然違いますし、生活者ネットにも各地から応援団が集まってきます。国政選挙並みの選挙が展開され、各党の党首や役職議員が多数応援に駆けつけるなか、小さなローカルパーティーである生活者ネットは、市民の選択肢として存在を示す必要があります。私たちは、日常的な地域活動とナショナルパーティーにはできない参加型の政治を実践することを通じて、それを目指していました。

私は1988年に千葉県から世田谷区に引っ越してきたので、最初の都議選に立候補するまで、居住歴は5年しかありませんでした。だから区民の方から、「いつ来たの?」「たった5年で都議とはね、驚きだ」「新参者に何ができる」などとも言われました。

そういうときは、「議員の価値は何をするかで、何年住んでいるかではないでしょ?」と心のなかでつぶやいたものです。

2　国政を生活者の政治に変えなければ

・地方自治は国政を動かせるか

ローカルパーティーの生活者ネットは現在、都内34の自治体にありますが、国政政党のようなピラミッド型の組織ではありません。東京全体に共通する政策や政治的な交渉が必要になったときは代表者が担当しますが、それぞれの団体は独自で動いており横並びでつながっています。

ローカルパーティー、すなわち地域に密着した小規模な政党といっても、国政と切り離して活動することはできません。さらに言えば地方自治は、それがたとえ都知事でも都議会でも、国政の動向を待って行動する傾向があります。国の動向を待って決めなければならないことが、いかにたくさんあることか。これは私が都議会議員になって実感したことです。だから私の政治活動において、地方分権は大きなテーマとなりました。

私が都議会議員を務めていたとき、厚生省（当時）が遺伝子組み換え食品を安全性に問題がないとして輸入を許可し、さらに表示制度を共管する農水省とともに「表示は必要ない」という立場をとりました。

大河原雅子議員の１日

国会会期中のある日

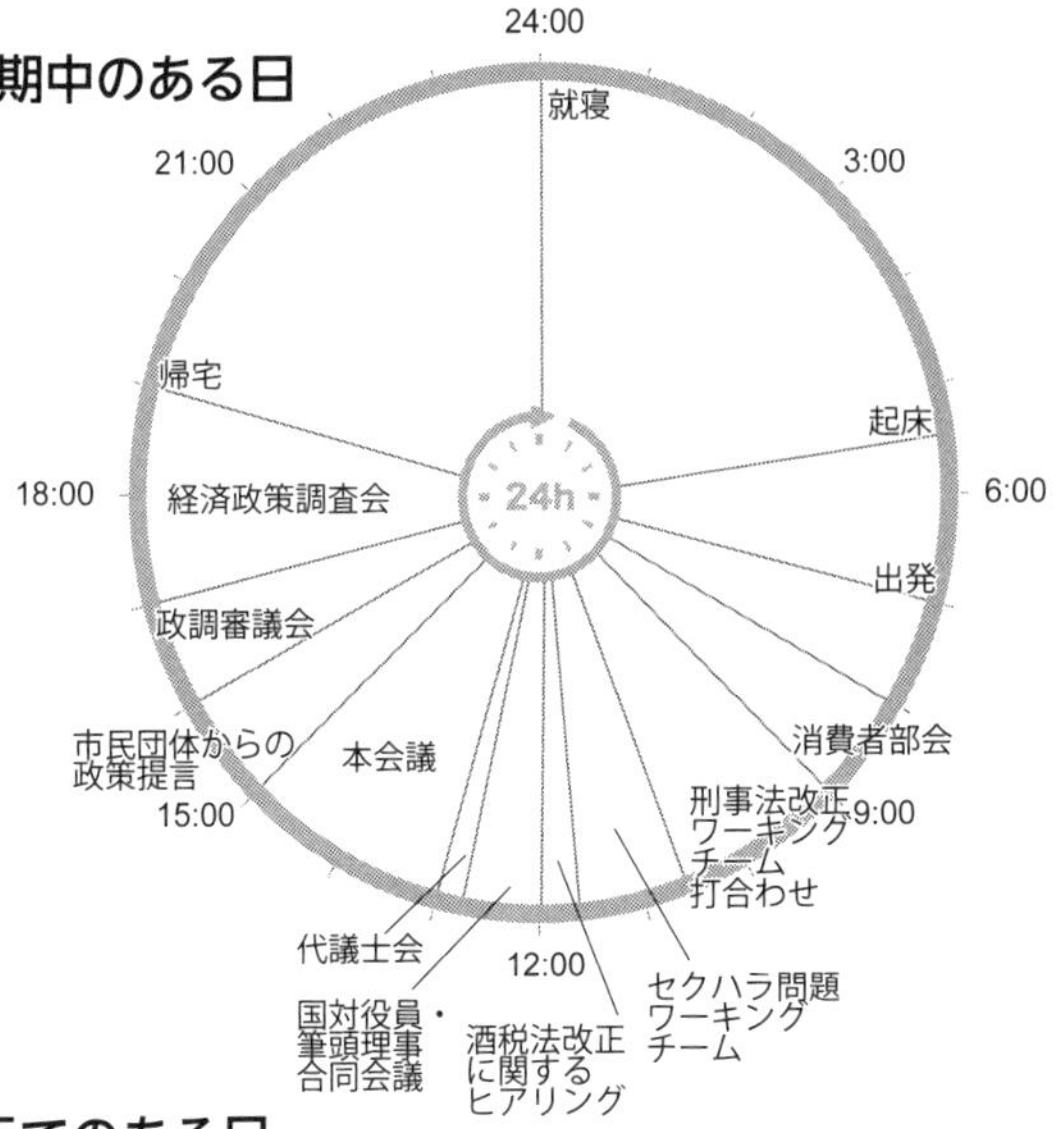

地元でのある日

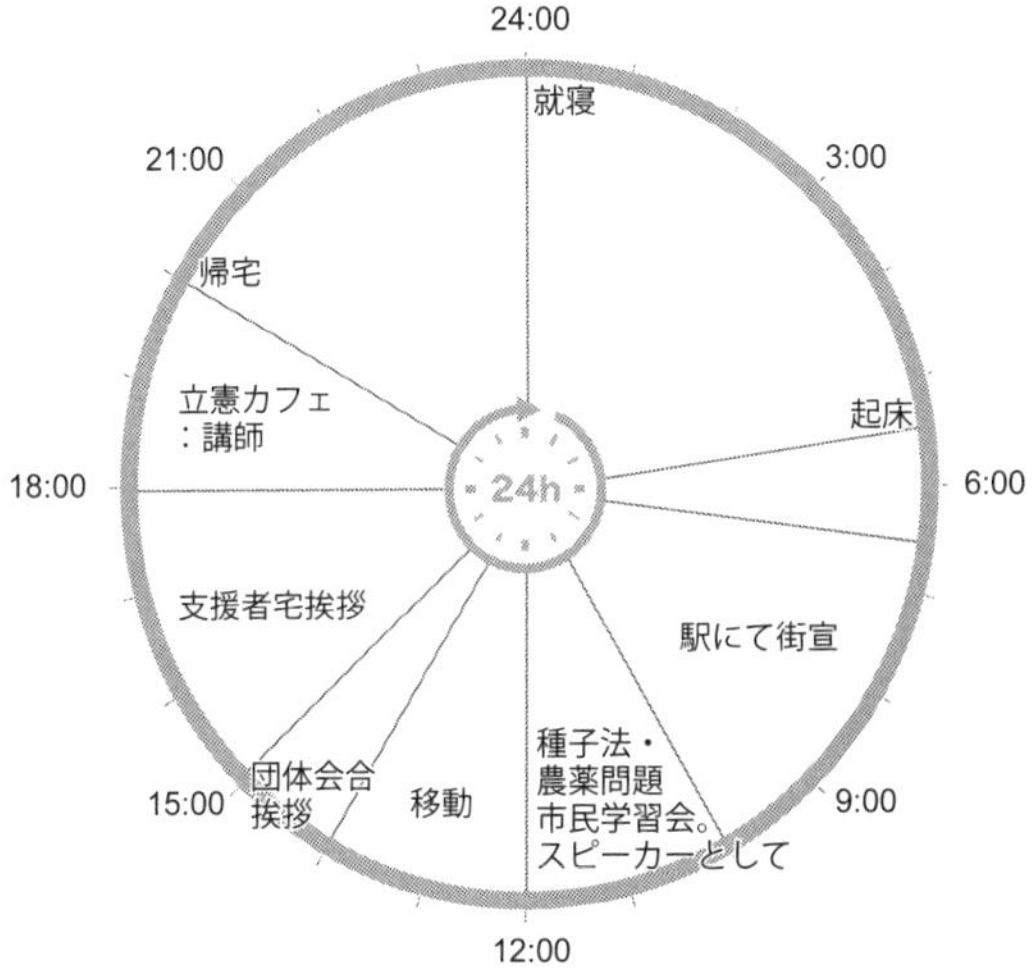

これに対して「そんなもの食べたくない」とする市民が、遺伝子組み換え食品の表示を求める活動をはじめました。もちろん私もそのひとりです。

そこで、都議会では生活者ネットが発議し、国に対して表示を求める意見書を全国で初めて提出しました。最終的には１２００を超える議会からの意見書が国に提出され、不十分ながら遺伝子組み換え食品の表示制度は２００１年に施行されました。ボトムアップで市民の意見を制度化した一例です。

私はこれが市民政治だと、その醍醐味を味わいました。

国が動かないと地方自治はどうすることもできないこともありますが、ボトムアップで地方自治が国政を動かすこともできるのです。

・生活から発想して問題に取り組む

私たちはゴミ問題にも取り組んできました。経済の高度成長期の、ゴミが増えるのにともなって処分場や清掃工場を増設するという発想ではなく、リサイクルやリユースでゴミを減らすことと、ゴミになる物をつくらない方向に向かわなければなりません。その頃の私たちの合言葉は「分ければ資源、混ぜればゴミ」でした。

ゴミ問題と原発問題には共通した部分がたくさんありますが、いまやプラスチックによる海洋汚染は世界規模の問題になっています。

地球上の生命が生存していくためには、水や食べ物、空気や土が必要です。こういうものが汚染されたら、この地球は成り立ちません。地球全体を徐々に蝕むのがゴミ問題で、一瞬にして死の世界にするのが放射能です。

ゴミ問題にしても原発問題にしても、規制する法律の制定に向けた活動とともに、視野を広げて想像力を働かせ、日々の生活において何ができるかを考えて行動することが大事だと思います。電力会社を変えたり、市民の自然エネルギー発電所をつくる活動に寄付や出資をしたり、生活を省エネにシフトしたりと、ライフスタイルを変えることで世論を形成することもできると思いますし、原発電力不要を示す力にもなります。

◦右でも左でもなく前へ

2007年に行われた参院選で、自民党は参議院第一党の座を民主党に譲りました。このとき、「自分の1票で政治は変わるんだ」と思った有権者は多かったはずです。この国民の思いが、2009年の政権交代につながったと思っています。

2007年の参院選では、生活者ネットからも候補者を出さないかと民主党から声がかかりました。現職を出すわけにいかないので、ちょうど任期を終えたタイミングの私が出ることになりました。

生活者ネットも卒業生として気持ちよく送り出してくれ、私も無事当選することができましたが、選挙に出るにあたって、「生活者ネットはローカルパーティーなのに、何で国政に出るんだ」という反対の声もありました。でも、その後の国会における私のスタンスが都議会のときと変わらず、納得してくれたかなと思っています。

私のスタンスというのは、「右でも左でもなく前へ」です。これは生活者ネットが提唱してきたもので、国会での活動も生活者ネット時代と何も変わりません。私の基本姿勢でもあります。

・参議院選挙は規模が大きすぎて動きがつかめない

私のスタンスは変わらなくても、当然、都議会議員と国会議員には違いがあります。まず、選挙の大きさがまるで違います。国政選挙は、自分の選挙であっても自分の選挙ではありません。党の選挙という感じです。党のスタンスが判断基準なのです。そしてその上で個人のテーマ等が加わります。

はじめての参議院選挙では、民主党を信頼して「とにかくクリーンな選挙で信念を曲げずにできればいい」とだけ思っていました。

結果的に当選して、「無名でも国政で当選できる」「地道に努力していれば報われる」ことを実感することができました。

外交問題に対するスタンスも、都議会議員と国会議員では違いがあります。外交問題は国会議員のほうが身近です。

私は以前から日本の戦後処理に不満をもっていましたが、国会議員になると、このような課題にも取り組む機会があります。もちろん、戦後処理の問題は自分ひとりで解決できる課題ではありませんが、いろいろな国の人たちと意見交換をする機会にも恵まれて、自分の視野が広くなったのを感じます。

海外を知れば知るほど日本の遅れが気になります。日本は経済的には先進国として扱われていますが、社会規範や人権規範ではまさに後進国です。

たとえば、私は立憲民主党でジェンダー平等推進本部の事務局長を務めていますが、とくにこの国には女性差別が根強くあると感じます。法律も制度も女性を一段下に置いていて、補完的な労働力としか見てこなかったのです。ここに羞恥を覚えない政治家がいかに多いことか。人権に対する感性を身につけてもらいたいものです。

3 なぜ民主党政権は長続きしなかったのか

・日本に足りないのは世界水準のリベラル政党

旧民主党から民主党、民進党、そして立憲民主党と変遷があって、私は旧民主党の時代から付かず離れずお付き合いがありましたが、「市民が主役の民主党」と掲げていた旧民主党が自分にはフィットしていたと思います。

私はずっと、日本に足りないのは世界水準のリベラル政党だと思ってきました。世界水準といっても特別なことではなく、「政治を市民化する」「国会を市民に開く」「子どもの権利」「食の安全」「地域の水を守る」「ムダな公共事業はやらない」「子育て」「教育」「介護」「性差別」というような、まさに私たちの生活に直結した政治課題に取り組むことです。これらを地域分権を通じて解決する姿勢の政党ということです。

１９９６年に設立された旧民主党は、そういったリベラル政党を志向するものでした。それが政権獲得を目指して勢力を拡大する中で、次第に変わっていったのだと思います。

民主党は小さい政党を大きくするために様々な政治勢力との合流を繰り返してきましたが、政治的スタンスや行動原理はバラバラのままでした。政治家一人ひとりが、それまで所属していた政党のやり方で動いているという感じがして、軸のブレがどんどん大きくなっていったような印象が残っています。

極端な例ですが、「男女平等なんていう政策は、一体だれが決めたんだ？」などと発言する衆議院議員がいて、「民主党にはこんな議員までいるの？」と驚きました。

「家庭用品に含まれる香料の成分表示を求める要望」の署名を厚労省・環境省・消費者庁・経済産業省に提出された市民のみなさんと（2018年12月14日、院内集会にて）

・後悔が残る八ッ場ダム建設問題

民主党政権は２００９年から２０１２年という短命でしたが、私は参議院議員として、野党から与党になって再び野党になる民主党を経験しました。

与党と野党の違いはいろいろあると思いますが、一番感じたのは、提供される情報に雲泥の差があるということです。各省庁から与党に提供される情報は充実していて、野党の情報はスカスカです。

民主党は政権交代選挙に向けていくつかのマニフェストを出しましたが、政権の座に就いてみてはじめて、それまでの認識と大きく異なる現実に直面したこともいくつかありました。

あの時マニフェストに、緊急性も合理性もない八ッ場ダム（群馬県）建設の中止を掲げました。私自身も非常に思い入れのある政策で、民主党政権下で工事が中断されましたが、結局、民主党の大臣によって工事は再開されて、2020年に完成する予定です。

自分たちの力不足を痛切に反省するとともに、国と地方の関係性を改めて考えるきっかけにもなりました。八ッ場ダムは、新しい政府が中止をめざしても、それまで国に従い建設を求めてきた地方の首長や議会を変えられず、着工されたのです。

自治体が、実際の正しい水需要予測や洪水対策をもとに計画を見直す勇気があれば、自民党政権になっても八ッ場ダムの工事は中断されたはずです。

政府が変わっても自治体が変わらなければ地域は変わらないと、痛いほどわかりました。

・選挙を大切にせず、国民に見捨てられる

2013年の参院選に二期目をめざして公認が決まっていた私ですが、前代未聞、選挙が始まる直前に民主党から公認を外されてしまいます。外された理由は、選挙前の情勢調査で私より上位の候補がいたからです。

この頃の民主党は、東日本大震災の復興や原発事故の処理で批判を浴び、もはや死に体でした。だから、党として東京選挙区で当選させられるのは1人しかいない、と判断したのでしょ

う。

非常に急な話で、公認を外されたのは選挙開始の2日前です。この段階になって「公認してもらえないので辞めます」とは言えません。結局、私は民主党に党籍を置いたまま無所属で出馬し落選しました。

唐突な公認はずしには党幹部や支持団体の方々にも納得のいかない方がおられ、マスコミからは「分裂選挙」と言われました。選挙を大切にせず土壇場でバタバタしていては、国民のみなさんに見捨てられるのは明らかです。こんなこともわからないのだ――政党というのは、本当に変なところだと思いました。

このような民主党の流れの先に立憲民主党は設立されました。民主党政権時代に重責を担っていた人たちが当時の反省に立ち、過去の過ちを正して、草の根民主主義を結党の理念として立ち上げられた政党です。もう二度と国民のみなさんに見捨てられることのないようにしなければなりません。

4 新しい民主主義のために

・「私のことも忘れてなかった」

その後私は、2016年の参院選に民進党公認で比例区で出馬しましたが落選します。国政復帰を目指して活動を続けていましたが、状況は目まぐるしく変化しました。

だから、枝野幸男さんや福山哲郎さん、長妻昭さん、近藤昭一さん、阿部とも子さんなどが行動を起こして2017年10月3日に立憲民主党ができ、その理念を知ったときは、「本当に良かった！」と思いました。

立憲民主党から私のところに連絡がきたのは10月6日の昼でした。福山さんから電話があって、「大河原さん、比例北関東ブロックに名前を入れたいんだけど、いっしょにやってくれるよね？」と訊かれたので、「もちろんやりますよ！」とその場で答えました。「私のことも忘れてなかったんだな、立憲民主党の仲間として認めてくれたんだな」とうれしく感じたものです。

このようにして2017年の衆院選では、長谷川嘉一さん、山川百合子さん、堀越啓仁さん、高木錬太郎さん、そして私の5人が立憲民主党から比例北関東ブロックで公認を受け、全員当選することができました。

・目指すのは草の根の民主主義

10月3日に東京・有楽町で枝野さんが演説をしました。そのとき「上からの民主主義に歯止めをかけて、草の根の民主主義を取り戻しましょう」と言っています。

こういう部分がまさに自分の考え方とピッタリ合っていて、「立候補するなら立憲民主党だ」と思わせてくれました。私が生活者ネットで大勢の市民といっしょに続けてきた市民政治の姿だと感じ、「立憲民主党はあなたです」の言葉に心が震えました。生活課題を政治課題にし、その解決のために市民が参加して制度提案をしていくことを実践する政党ができたのだと感動しました。

私たち立憲民主党が目指すのは、日本に草の根の民主主義をつくりだすこと。そして現場の切実な声に根差した政治を実現することです。私がいま立憲民主党の議員であることは、これまでの活動の積み重ねの上にあり、この為に2度の落選もあったのだと思えます。

今度こそ、政治家だけでなく国民のみなさんの参加で新しい政治を創りたいのです。「投票日だけの有権者」ではダメなんです。

格差は広がる一方で、いつになっても福祉や教育は充実しない。いまだに女性が担ってきた家事や育児、介護などが社会で担うべきものと認識されない。すぐに改善しなければならない問題が放置されています。

選挙では、どうしても知名度や個性、演説のうまさという政策とは違う部分に引っ張られて投票してしまいがちです。当選の「その後」をしっかり見て参加していく必要があるのです。

2017年の衆院選で自民党は、絶対安定多数を超える291議席を単独で獲得しました。総得票数は自民1800万票、立憲民主党は1100万票。自民党に1票を投じた多くの有権者がいたわけですが、このときの公約を自民党はどれだけ実現できたのか、どれだけ近づくことができたのか、投票した方々は確認すべきです。

もちろん与党だけでなく私たち立憲民主党も、1票を投じてくれた方々に確認していただき、批判を受け止めて、反省すべき点は反省しなければなりません。

・新しい政党を一から育てるチャンス

まだまだ立憲民主党には未熟なところがあるので、すぐに政権交代を実現することはむずかしいかもしれません。

有権者のみなさんに知っていただきたいのは、みなさんの意志が、現在の自民党政治に姿を変えているということです。これは今後の立憲民主党政治にも言えることで、みなさんの意志で政党の姿は決まるのです。

ときどき私は思います。「ひとつの政党が誕生したところから関わることができる有権者はラッキーだな」と。

長く政権を担ってきた自民党や批判勢力の共産党は、50年以上も前から存在しています。この集団のなかで、新しく設立された立憲民主党が2番目の議席数をもっているわけです。歴史のある政党に対しては、有権者といえども「イエス」か「ノー」しか意思表示できないかもしれません。しかし、新しい立憲民主党をどうしていきたいかは、みなさんが参加して決めることができます。平場の議論に参加し、当事者としてこの政党を育てていくことができるのです。そういうチャンスが今みなさんの前にあるということを、ぜひ知っていただきたいと思います。

そして政治家も変わらなければなりません。政治家はいま、強い言葉で「話す人」になってしまっています。本当は「聴く人」でなければならない、そう思います。

・政治家は自分を支持していない人の代表でもある

どのような仕事をしていても、仲間の言動に違和感やストレスを覚えるものです。政治家もそうで、自分の意見とほかの議員の意見が、ピッタリ同じになるということはなかなかありません。

議員は国民の代表であり、自分を支持してくれる人だけが国民ではありません。したがって、仲間の議員の意見に多少違和感があっても、その議員を支持している国民がいることを考え、受け入れなくてはならないケースもめずらしくありません。

多少の妥協があって調整があっても、政治はジグザグに進んでいくものだと考えています。そのなかで日々、どうしたら前進できるかを考えています。

どうして政治家になりたいのか。その理由は人それぞれでしょう。いまどき「偉くなりたいから」などという理由で政治家を目指す方はいないと思いますが、どちらにしても「政治家になって何をするか」がはっきりしていなければなりません。ここが大事なポイントです。

人が熱中できるのは興味のあることなので、興味のあることを政治家としてのメインテーマにすると、実行力のともなう政治家になれると思います。

市民運動をやっていた私は、議員に注文をつけたり「まったく何をやっているのかしら」と怒ったりしていました。だけど、いざ自分が議員になってみると、政治活動と市民運動のギャップを強く、そして常に感じました。

政治家になるということは、「まったく何をやっているのかしら」と批判を浴びることです。ここを乗り越え、市民と向きあう誠実さと強さが、政治家には求められます。

本当の意味での「生活者のため政治」を実現するために、いっしょに頑張りましょう。

大河原雅子議員から政治家を目指す人への直筆メッセージ

「地球規模で考え、地域から活動する」は、私の好きな言葉です。
これをモットーに活動してきましたが、
この言葉は「世代を超えて！」との
続きがあります。縦横無尽に
市民が活動する強く、しなやか
な市民社会を是非、一緒に
つくりましょう！
立憲民主党はあなたです！！

大河原まさ子

あとがき

　この本は政策など政治そのものの話ではなく、政治家という職業に就く人の素顔に迫りたいと思って企画されたものですが、結果的にどの政治家からも、現在の政治状況に関する強い危機感が表明されました。10人は異口同音に、「いろいろな考え方の政治勢力があるのはよいこと」としたうえで、「いまの国会は議論以前の問題でひどすぎる」と語り、この国の民主主義そのものが危機に瀕していることを訴えています。

　政治を変えるのは、政治家にその舵取りを任せる権利をもった国民の判断です。そして場合によっては、自らが政治の世界に飛び込み、変革の担い手になることもできます。

　いずれにしても、国民一人ひとりの行動が政治を変え、社会を変え、生活をより良いものにしていくのが民主主義であり、もしその民主主義が危機に瀕しているのであれば、それを救うのもやはり、国民以外にいないのです。

　もしあなたが政治家になろうと決意したら、誰かを応援してみようと思い立ったら、この本に収められた10人の言葉にもう一度耳を傾けてみてください。そこに正解はないかもしれませんが、困難を乗り越えて一歩を踏み出した先輩たちの言葉は、あなたを励まし、勇気づけ、苦しい時の力になってくれることでしょう。

先輩たちはみな、自分が歩んできた道のりの後に続く人を心待ちにしています。そして、新たに政治の世界に飛び込んできた人と手を携え、世の中を少しでも良くするための仕事をいっしょにしたいと願っています。

本書を読んでくださった方々が、それぞれの場所で、それぞれのやり方で政治に参加するようになる時、日本の民主主義は前進を始めるのだと思います。この本が、あなたが一歩を踏み出すきっかけになることを願ってやみません。

立憲民主党国会議員有志の会
堀越啓仁（ほりこし・けいにん）
亀井亜紀子（かめい・あきこ）
落合貴之（おちあい・たかゆき）
池田真紀（いけだ・まき）
櫻井 周（さくらい・しゅう）
神谷 裕（かみや・ひろし）
松田 功（まつだ・いさお）
岡本あき子（おかもと・あきこ）
山崎 誠（やまざき・まこと）
大河原雅子（おおかわら・まさこ）

君も政治家になろう

2019年5月15日　初版第1刷発行

著者 ———— 立憲民主党国会議員有志の会
発行者 ———— 平田　勝
発行 ———— 花伝社
発売 ———— 共栄書房
〒101-0065　東京都千代田区西神田2-5-11出版輸送ビル2F
電話　03-3263-3813
FAX　03-3239-8272
E-mail　info@kadensha.net
URL　http://www.kadensha.net
振替　00140-6-59661
企画・プロデュース —— シマ・イサキ
構成 ———— 須田諭一
イラスト ———— 平田真咲
装幀・本文レイアウト —— 黒瀬章夫（ナカグログラフ）
印刷・製本 ———— 中央精版印刷株式会社

ISBN978-4-7634-0884-6 C0031